鄭喜鎭［編］
權金炫怜+鄭喜鎭+棡砦昫+ルイン［著］
申琪榮［監修］　金李イスル［訳］

#MeToo の政治学

コリア・フェミニズムの最前線

미투의 정치학

大月書店

The Politics of Me Too
By Kwonkim Hyunyoung, Ruin S.M.Pae, Jeong HeeJin, Hahn Chaeyoon

Japanese translation rights arranged with
Gyoyangin Publishing Company
through Japan UNI Agency, Inc., Tokyo

#MeTooの政治学——コリア・フェミニズムの最前線

—目　次—

◎#MeTooの政治学──コリア・フェミニズムの最前線

春香には性的自己決定権が必要だった　橺砦昀

ジェンダー概念とジェンダー暴力　ルイン

凡例

本書は、정희진 엮음、권김현영・루인・정희진・한채윤『미투의 정치학』の全訳である。

●原著ではMeTooにハッシュタグ（#）が記されていないが、日本で一般的に記されている#MeTooで統一した。

●韓国語の固有名詞などには、基本的に原音に近いかたちで読み仮名をふった（ただし、日本で一般に通用している読み方を除く）。

●原著で記されている欧米人名のスペルのなかで、著名人や邦訳書が刊行されている人物などについては割愛した。逆に、原著本文にスペルの記載がない場合でも邦訳書が刊行されていない人物については、わかる範囲でスペルを記した。

●訳者による補記や注は［　］内に記した。

まえがき――日常の革命、#MeTooの政治学

私たちは社会正義と新たな知の最前線にいる。「誰が交渉の場に座っていないか、誰の関心が明確に表現されていないか、誰の利益が表明されていないか、そして誰の真実が語られていないか、あるいは認められていないか(1)」。私たちは、見落とされている真実を探し出す者たちだ。これほどまでに包括的な認識論がかつて存在しただろうか。

JTBC〔韓国の放送局〕に出演したあと、私には帰る場所がなかった。被害者が利用できるシェルターはあったものの、遅い時間で入れなかった。テレビ局に同行してくれたシェルターの職員さんが、翌日入所できるようになるまで自分の家で過ごすことを勧めてくださった。……忠清南道(チュンチョンナムド)庁での8か月から逃げ出すことは絶対にできないと思っていた。しかし私は、ついに性暴力から逃げ出すことができた。私の目の前から彼の犯罪は消えた。閉ざされた組織の中で感じた無気力と恐怖からも抜け出すことができた。……ただし、手に入れたい、守りたいと思っていた、ささやかな、普通の人生も、

一緒に消えてしまった。(2)

まえがきの執筆を繰り返しながら

このまえがきを4回も書き直している。4回目が最後の書き直しになるはずだ。というより、最後になることを願っている。状況の変化に合わせて書き直しをするたびに分量も増えていった。文章を直しながら、性暴力のニュースを耳にしない日は1日もなかった。私を含む多くの女性は、何度経験しても慣れることのできない現実に対して怒りながら、「日常を取り戻したい」という言葉をよく口にするが、これこそがまさに女性の日常と言うことができる。「女子選手を自分の意のままに指導したければ、性的関係を持ちなさい」(3)。大韓氷上競技連盟の指導者が女子選手に対して行っていた虐待、組織的性暴力に全国民が驚愕(きょうがく)した。その後、別の種目でも#MeToo(ミートゥー、私も)が相次いだ。スポーツ界だけではない。大学では「教授が閉講パーティーで『下着ダンス』を強要……」し、「顔を背(そむ)けたくなるような恥辱的な言葉」が飛び交っていた。(4) #MeTooは、韓国社会のありとあらゆる場所にはびこる悪習を暴露した。

2018年に#MeToo運動が大衆化し、その後いったい何が変わったのか。#MeTooはただの始まりにすぎなかったのか。#MeToo運動の実態は、被害者の実践だけがすべてなのか。#MeTooは家父長制が消滅するまで行われるのか。#MeTooが始まった翌日、加害者たちは口をそろえてこう言った。「身体接触のようなものはまったくなかった」。同時に彼らの周囲の人々は、「被害者だって得をした」と主張した。いらだたしい法廷闘争がだらだらと続いていた。一審の結果がどうであれ、すべての事件が三審まで進むと予想された。被害者はこの長い時間をどう耐えればよいのだろうか。

　韓国の＃ＭｅＴｏｏ運動の規模と影響力は、世界から注目を集めるほどすさまじいものだった。スウェーデン、日本、アメリカ、イギリスなど、各国の＃ＭｅＴｏｏ運動をリードした人たちは口をそろえてこう言った。「韓国で＃ＭｅＴｏｏ運動の先頭に立った被害者の勇気は驚くべきものだ」。ただし、これは決して「模範」や「モデル」とは言えない。なぜなら、被害者個人の負担があまりにも大きかったからだ。性暴力に対する社会的議論には進展がなく、今も「加害者が想定する被害者による同意の有無」という論点から抜け出せていない。それだけでなく、女性と男性のセクシュアリティについてのダブルスタンダードも依然として変わっていない。

　このまえがきが何度も書き直された理由の一つは、もともと本書には安熙正（アン・フィジョン）性暴力事件の被害者であるキム・ジウンの文章を掲載する予定だったからだ。キム・ジウンは、本書の他の執筆者と同じように、＃ＭｅＴｏｏに対する自身の立場を明らかにし、当事者だけの経験を文章にして、メディアによる捏造（ねつぞう）をただすはずだった。キム・ジウンの文章は、原稿用紙１５０枚以上にもおよんだ。安熙正事件は、組織内の最高権力者が男性であるとき、そしてその権力が任免権という具体的権限のみならず、その業界全般に影響力を持つとき、「部下である職員」という立場の女性に対する性的搾取がどれほどたやすく起こるのかをはっきりと示している。#MeTooに関する事件を思い出してみてほしい。文化芸術界やスポーツ界で勃発した#MeTooのほとんどは、安熙正（アン・フィジョン）事件と同じ構造の中で繰り返されていた。政治の世界も一緒だ。安熙正事件は、特定の業界だけの例外ではない。

就職難の韓国社会で、多くのサラリーマンは生殺与奪（せいさつよだつ）権を握る上司の圧力を日々実感しながら仕事をしている。だからこそ安熙正事件は重要なのだ。普通、性暴力事件についての世論は性別によって分かれがちだ。しかしこの事件は特殊で、社会人になったばかりのサラリーマン男性もキム・ジウンの立場をよく理解していた。彼らも毎日キム・ジウンと同じことを経験していたからだ。変化の可能性のない、揺るぎない組織のヒエラルキーの中で最善を尽くして誠実に働いている人ほど、キム・ジウンの立場を理解する姿勢を見せた。

私たち全員が当事者と言えるが、キム・ジウンは特に、現在進行中の裁判の当事者だ。それだけでなく、被害者、先駆者、運動家、サバイバーでもある。研究会トランス［韓国の近現代史が日本およびアメリカと不可分であることを逆説的に示すため、会の名称にtransの日本語の音を採用した］の執筆陣は、キム・ジウンの一審公判の最終陳述書と「『労働者キム・ジウン』でありたい」(5)を読んで、キム・ジウンには自分が置かれた状況を分析する「執筆者」としての能力が備わっていると判断した。裁判の傍聴を続けてきた権金炫怜（クォン・キム・ヒョニョン）が「安熙正性暴力事件共同対策委員会（以下共対委）」主催の専門家懇談会で初めてキム・ジウンと会い、そのときにトランス会の本を差し出しながら、一審判決後の共同執筆を持ちかけた。

トランス会は、理論と実践の二分法、ヒエラルキー、分業に反対している。(6) もちろん、女性の声、当事者の声だからといって、必ずしも真実と透明性を担保できるわけではない。加害者や加害行為を存続させる構造に対する怒り、自分自身の客観化、社会の中で生きる平凡な個人という立場、そして変化のために必ず必要となる勇気。こうしたテーマに関して、キム・ジウンは、自身の苦闘をあますところなく文章で表現してくれた。

しかし、「あらゆる人々に対して公平であるはずの法」は、被害者の声にふたをした。キム・ジウンの文章が完成するやいなや、私たちは法律家たちの懸念と向き合わなければならなくなった。訴訟が進行中で、最終的に大法院［韓国の最高裁判所］まで進むことを考えると、本の出版によって別の法的紛争が生じるかもしれず、それが他の裁判にも不利な影響をおよぼすかもしれないというのが彼らの懸念だった。

トランスの執筆陣は討論を重ねた。その間キム・ジウンは、文章の形式や内容を何度も直していた。インタビュー形式にしてみたり、加害者については言及せず、自分の心境を中心に書いてみたりと、さまざまな形式を試みていた。この過程では、権金炫怜、そして共対委のメンバーでもある韓国性暴力相談所のキム・ヘジョン副所長も必死の努力を重ねていた。私たちにとってキム・ジウンの文章を掲載することは、それほど重要な問題だった。

最終的にトランスの執筆陣とキム・ジウンは、問題は本の内容ではないという現実にあらためて気がつくことになった。内容についての判断は、権力の物差しで変わってくる。加害者側が訴訟を起こし、裁判所がそれを認めてしまえばおしまいなのだ。彼らは内容よりも、「誰が書いたのか」ということに関心を持っている。ガヤトリ・スピヴァクが言っているとおり、「何を書いたのか」より重要なのは「誰が書いたのか」であり、さらに重要なのはそれを「誰が聞くのか」だ。今回のケースにおいて、内容を聞いて判断するのは、女性の表現の自由を抑圧することのできる男性社会だ。「法は万人に対して平等だ」。ただし、その法を適用する者は、必ずしも万人を代表していない。結局、数か月にわたって労力を費やし検討した末に、裁判のほうに力を集中させることにした。キム・ジウンの文章は、今後別の形で日の目を見る予定だ。

『被害と加害のフェミニズム』から『#MeTooの政治学』まで

本書『#MeTooの政治学』は、「ミクロ／マクロ」の二分法を超えて、統合的な意味の政治（Politics）として「#MeToo」を取り扱う。女性の声、#MeTooの本質、女性に対する暴力の意味、ジェンダーと#MeTooの関連性についての研究は、私たちがまさに生きている韓国社会を分析する作業である。ジェンダーに対する認識なしに韓国社会を理解することはできないし、女性に対する暴力がジェンダーに基づいているという理解なしには、日常化した権力の作動原理、つまり政治を理解することはできない。特に、性別化された主体として男性あるいは女性とみなされる私たち自身を認識することができない。

本書の目的は、#MeToo運動の成長を記録し、今後を模索することだ。研究会トランスのメンバーは、長期間にわたって女性や少数者に対する暴力の問題を研究・実践してきた研究者であり活動家だ。執筆や出版の過程は、それ自体が政治的実践と言える。また、その過程で何かに目覚め、誰かと交渉を行う私たちの体こそ、まさに研究の道具だった。家父長制社会において、女性というジェンダーは構造的に被害者の位置に置かれている。そのため、私たちの研究、被害者との連帯、社会的活動を分離することはできない。また、これらすべての営みが私たち自身のためであることを忘れたこともない。

トランス企画シリーズ第1巻『両性平等に反対する』(2017年)の中で、私たちは両性と平等の概念について問題提起した。人間を二つの性に区分することはできないだけでなく、平等の基準が特定のジェンダー(男性)中心になっているとき、女性の社会進出は二重、三重の労働になる。男性中心の両性、そして異性愛中心のジェンダーを問題視しない限り、女性に対する暴力に抵抗することは不可能だ。社会を説得できないだけでなく、法廷闘争で勝つこともできない。だからこそ、新たな認識が必要になる。ジェンダーとは、男女間の権力関係に対する問題提起である以上に、両性に限定された性別概念に対する問題提起だ。また、ジェンダーは、社会全体の「異なる声」のモデルとなるメタジェンダー(meta gender)以外の何物でもない。両性という考え方で解決できる問題はなく、むしろ両性という考え方では、「傾いたグラウンド(unlevel playing field)」が隠蔽されてしまう。

第2巻『韓国の男性を分析する』(2017年)では、韓国社会特有の男性性を歴史的文脈で分析し、男性性も女性性も普遍的・本質的ではないと主張した。これは、ジェンダーの構成性（making process）と複合性を究明し、ジェンダーが作用する場所（site）がどこなのかを具体的に探し出すための作業だった。このような作業によって、どんな瞬間にも変化のための戦略を模索できるようになるのである。

第3巻『被害と加害のフェミニズム』（2018年）は、#MeTooが起きるずっと前から準備していた本だ。女性に対する暴力事件が起こるたびにさまざまな争点が提起されるが、これらに対して立場を明確にする必要があると考え執筆した本だ。この本の中では、女性の被害は認めないのに女性を被害者「化」し、被害者らしさを強調する文化の中で、女性に対する暴力をどのように扱うべきか検討している。男性社会に抵抗するために必要なのは被害者中心主義ではないことを明らかにし、被害者の定義を取り巻く異性愛制度の暴力と被害者誘発論を批判した。

問題は暴力が発生したことではなく、暴力が制度の一部になっていることだ。このような状況下で被害者のアイデンティティに関する政治が作用することは、最終的に被害集団を典型化し、被害者個人の力量にすべてを負わせることにつながる。つまり、社会的責任が消滅して、被害者本人だけが一生涯被害経験を背負い、これをアイデンティティ化する。そして被害者は一生をかけて「#MeToo」をすることになるが、これは当事者にとってもフェミニストにとってもかなり負担が大きい。私たちはこのような状況が繰り返されないことを切実に願っている。

#MeToo運動が始まったとき、多くの人から尊敬されている人物が性暴力を犯したことに驚いた人

もいただろうし、性暴力が蔓延する社会の現実に驚いた人もいるはずだ。しかし私には、性暴力の深刻さや、女性に対する暴力が社会のさまざまな場所で蔓延していることに対する驚きはなかった。２０１６年に起こった江南(カンナム)駅殺人事件［ソウル市の江南駅近くの公衆トイレで若い女性が見知らぬ男に殺害された］は、他の場所でも毎日のように起こっている。女性に対する暴力（violence against woman）は、あらゆる女性が一生涯経験し続ける「女の人生経験」とも言える。

私はフェミニズムを学びながら、男性の暴力は日常的に女性をコントロールする権力であり、「最も古い文明」であることを知った。そしてその意味を知れば知るほど苦しくなった。男性が女性に対して日常的に暴力をふるっていても、法的根拠のもとに通報できるようなケースは一つもない。「平凡な経験」に慣らされた状態で、不快さと怒りを感じながら、私はこのように考えている。この社会において、女性は人ではないのだと。だとすると、私は私自身をどのように尊重して保護すべきだろうか。過去の被害にとどまらず、「成熟した被害者」としてどのように他の社会的弱者と関係を結ぶべきだろうか。私が抱き続けている悩みである。

男性文化と労働市場――＃ＭｅＴｏｏの背景

女性に対する暴力は、女性を物（対象）扱いし、加害者の行動原因や理由さえもすべて女性に転嫁する、一種の社会構造を意味する。日常化した暴力に対して、その加害者全員に「報復」し、暴力行為一つひとつに対して問題提起することはできない。文化的慣習や侮辱、「軽微な」暴力をすべて裁判で裁くことなど不可能だし、何よりも問題を提起する側が疲弊してしまう。

検察組織内の性暴力、元忠清南道（チュンチョンナムド）知事安熙正（アン・フィジョン）の性暴力、文化芸術界における性暴力のように、長きにわたって被害女性を量産していたにもかかわらず、沈黙とほう助によって続いてきた問題がいよいよ明るみに出た。韓国社会では、女性が声を上げた場合、それ自体を女性優位とみなす傾向がある。しかし韓国社会における＃ＭｅＴｏｏは、女性の地位向上を意味するものではない。＃ＭｅＴｏｏが可能だったのは、女性自身の人権意識が向上したからであり、＃ＭｅＴｏｏ初期の加害者が全員強大な権力を持つ著名人だったり、被害女性の数が隠し通せないほど多かったからである。

一方＃ＭｅＴｏｏは、新自由主義がある程度許容した女性の個人化つまり、女性が性役割を果たすより、個人／市民としてそれぞれの生きる道を探さざるをえない社会の裏面である可能性もある。いまや仕事を持つことが女性にとっても不可欠になった。「永久就職（結婚）」に期待している女性はいない。韓国女性政策研究院の調査によれば、２０１９年1月現在、「結婚は不可欠」と考える未婚女性は３％、「必ず子どもがほしい」と考える女性は５・８％しかいない。[7] グローバル資本主義の時代、両極化の時代、雇用危機の時代において、女性にとって結婚や子どもが持つ意味を明確にしたと言えるだろう。「家事労働と賃金労働の二重労働」という既存の女性労働論争を超えて、結婚せずに生きていくとしても、今も女性に対して特別敵対的な韓国の労働市場において、#MeTooは労働者としての生存権運動でもある。

もちろん、最大の原因は男性社会の「弊害」そのものだ。もうこれ以上共同体を維持できないほど問題は肥大化した。#MeToo運動の中でよく「もう終わらせる時（Time's up）」というスローガンが叫ばれているが、この時（Time）とは、いったい誰の時だろう。私は、被害者がこれ以上苦しみに耐えられなくなった時という意味ではなく、男性組織に危機が訪れた時という意味なのではないかと思っている。これまで多くの被害女性が死に匹敵するほどの苦しみを与えられてきた。なかには実際に死を選んだ人もいた。自分らしい人生や日常、キャリアを諦め、時の流れに耐え続けてきた。それは生きるための人生ではなく、耐え忍ぶ人生だったと言えるだろう。

そのような意味で、#MeTooは女性運動の成果であり、韓国の男性文化の内部において、もはや男性も耐えられないほど組織の「持続可能性」が失われたことを意味する。文学界における性暴力のケースで顕著だったのは、文芸創作を学ぶ男子高校生や大学生が#MeToo運動に参加していたことだ。ジェンダーの問題以前に、彼らは韓国文学の未来を先輩男性たちの後ろ姿から見出すのは嫌だと語っていた。彼らは、個人の実力ではなく男性連帯で勝負しようとする世界に絶望したはずだし、そんな環境に自分の未来を賭けることはできないと思ったはずだ。

とにかく、女性たちは告発の時が来たと考え、#MeToo運動に加わった。#MeTooに参加した多くの女性は、「なぜ告発したのか」という問いに対し、「言わずにはいられなかった」と答えた。しかしながら、＃ＭｅＴｏｏが始まってから一番怒りをあらわにし、鬱憤をぶつけていたのは、被害集団ではなく加害集団だった。女性に対する暴力は、多くの男性にとって誰からも制止されない日常文化であり、男性であれば誰もが実行できる古くからの習俗であり、「生まれ持った権利」として認識されてきた。実際、これと同じようなことを考えている女性も多いし、女性に暴力をふるわない男性はそれだけで「温厚な男性」とみなされたりもする。だから、加害者として指名された多くの男性は、みんながやっているのに自分だけが「ひっかかってしまった」ことに腹を立て、言い知れぬ被害意識をあらわにしたのだ。

＃ＭｅＴｏｏ以降、男性社会はかつてないほど激しく動揺し、混乱していた。「＃ＭｅＴｏｏは支持するけれど……」という言葉のあとに続く彼らの話は、まさしく話にならなかった。端的に言って、これ以上何も言い訳できないことを彼ら自身も理解しているのだ。言葉を失ってうろたえながら、威信を失墜した男性もいれば、「韓国男性は変わらなければ」と主張しつつ、自己憐憫から抜け出せない男性もいる。これを男性の「バックラッシュ」と呼ぶ人もいるが、非理性的な反発、自嘲的防御心理と見るほうが正しいのではないかと思う。

＃ＭｅＴｏｏとジェンダー

＃ＭｅＴｏｏ運動は、女性や男性を変えた。それだけでなく、これまでの韓国社会で全員が暗黙裏に了解し、もはや変化不可能なほど「自然なもの」になっていた男性中心の社会構造について、全面的に議論するきっかけとなった。女性に対する暴力は、ジェンダーに基づく暴力（gender-based violence）のうちでも代表的で、最も古く、最も広範囲な現象だ。ジェンダーに基づく暴力はレイプ犯罪に限らない。労働市場における女性の地位、巨大な性産業、性と生殖の権利、グローバル時代の国際政治や環境問題までを包括する、社会現象の最も根本的なマトリックス（母型）と言える。#MeTooの原因や構造、意味を理解するためには、当然ジェンダーという思考の構造を理解する必要がある。ジェンダーを理解できなければ#MeTooを理解できないし、その逆も同じだ。

しかし、ジェンダーは韓国社会の男性にとって今も「女の問題」にすぎないし、大多数の女性にとっても女性の問題（women's problem）である。フェミニズムは「女性に問題がある」とか「被害を受ける女性の問題」という意味ではなく、「女性」という概念に対する問いという意味で女性の問題（questions）を取り上げているのだ。

女性は、社会的、歴史的、政治的存在だ。金恩實（キム・ウンシル）は、女性は女性の「体の外」に存在する社会的産物（social body）であり、従属した主体（subject）であると説明している。[8]「私たちは女性として生まれたわけでもなければ、女性の体を持っているわけでもない」という一文は、現代フェミニズム理論の発展と女性概念を要約している。男性と女性の生物学（的）区分は家父長制社会において「のみ」重要なのであり、自分（女性）の体は精神の所有物ではなく社会的に具現化（embodiment）される。ノマド的主体としての女性、横断の政治(transversal politics)、連帯の政治(coalition)[9]としてのフェミニズムは、すでに1970年から黒人フェミニズムの中で提起され、現代のグローバル資本主義社会において女性の状況を分析するための主要概念として位置づけられてきた。すべての女性主体は、具体的な政治的過程の中(in process)で形成される。当然、生まれながらの女性も、生まれながらのフェミニストも存在しない。ジェンダーはそれ単体では作動しない複合的な概念で、最初から階級、人種、年齢などの概念を前提にしているのである。

安熙正(アン・フィジョン)事件の意味

あらゆる運動は、その文脈を理解したときにだけ効果を発揮できる。#MeToo運動も同じだ。私たちは、#MeToo運動の核心は「威力」〔人の意思を制圧するに足る有形・無形の力を指す法律用語〕であり、威力の作動原理と文脈は、ジェンダー認識なしには説明できないと見ている。これが本書において安熙正事件を主要な分析対象とした理由だ。

2018年8月14日、安熙正事件の一審判決が出た。検察は、業務上の威力による姦淫、強制わいせつなど、合計10件にのぼる性暴力の嫌疑で安熙正を起訴し、懲役4年を求刑したが、一審裁判所は無罪を言い渡した。一審で最も重要な争点は性暴力被害者の「被害者らしさ」で、裁判所の保守的な認識が判決を決定づけたと言える。一審の結果そのものが「事件」だったと言えよう。またこの裁判は、どれだけ研究と社会運動の裏づけがあっても、韓国社会においてはいまだに性差別や性暴力の問題が法を運用する数人の認識によって決定づけられるという現実も示した。一審裁判所の性的自己決定権に対する理解は、韓国社会の30年間にわたる女性運動の成果を無に帰するような、絶望的なものだった。

安熙正事件の一審の結果は、裁判所のジェンダー・バイアスが、これまで「彼らだけのやり方」の中で適用されていた法の論理すら忘却していたという点で、驚愕せざるをえない事例と言える。裁判所は被疑者と被害者の関係を業務上の使用者と労働者とはみなさずに、男女の関係とみなした。非常識極まりない見識と言えよう。韓国の男性文化は基本的に、女性を同僚や労働者として認識するための訓練を受けていない。さらに裁判所の思考は、公務員や教師、一般民間企業の認識よりも遅れていると言える。

安熙正事件は根本的に、労働市場における性差別の問題だ。正規職であれ非正規職であれ、女性が職場で能力——それも男性中心的思考における能力を認められるためには、少なくとも男性より数倍努力する必要がある。特に、使用者を直接補佐する秘書職は、業務としての境界があいまいで、雑務なのか個人的な用件なのかを上手に判断して処理する必要があり、この作業には高度な感情労働を必要とする。

これは、部下である職員が男性であれ女性であれ、職場のヒエラルキーの中で皆が経験する状況だろう。ただし、被害者が男性であれば、その被害はヒエラルキーによる労働問題、つまり誰もが理解できる一方的な権力行為とみなされるが、被害者が女性の場合だと、労働問題は性の問題にすり替えられる。そして被害の程度ではなく、同意／非同意（合意／非合意）の問題に争点が移っていく。被害者の性別が問題の性格を完全に変質させ、加害者側は世論に力を得て、枠組みを転換させることに「成功」する。私たちは、本書が少しでも彼らの成功を「逆転」させられることを期待している。

　社会が女性に対して性的自己決定権を許したかどうか、または女性が性的自己決定権を勝ち取ったかどうかは重要な問題ではない。問題の核心は、その権利を行使できる条件だ。権利を行使した場合に、行使しなかった場合と比べて大きな被害（解雇や社会的「抹殺」）を受ける可能性があるのであれば、誰も権利を行使できない。深刻な肉体的損傷が伴う性暴力事件や児童に対する性暴力の場合だと、抵抗することでさらに深刻な身体的被害を招く可能性もある。だとしたら、女性が自分の体を守るために「強く抵抗しなかった」ことを同意と捉えてよいのだろうか。

　通報したらさらに被害が大きくなるから死ぬ気で耐える。これを権利や同意と言ってよいのだろうか。性的自己決定権において重要なのは、性的自己決定権があるかないかではなく、交渉ができるかどうかだ。性的自己決定権を含む近代的人権概念の意味と限界は普遍性そのものにあると言えるが、その理由は、普遍性とは権力の都合に従って作用するものだからだ。強者の経験は普遍性、弱者の経験は特殊性とみなされる。「普遍」の反対は「差異」だが、「差異」は実際ほとんどの場合において特殊性と認識されている。さらに特殊性は、権力の側が好きなときに例外を作って差別を合理化するための概念でもある。性的少数者が性的自己決定権（たとえば同性婚の合法化）を主張するときには例外を作って権利を「行使させず」、権利を行使できない状態にある他の社会的弱者（女性）に対しては与えられた権利を「行使しなかった」と言って非難するのがその典型例だ。

#MeToo、ジェンダー暴力、性的権利

『#MeTooの政治学』は、#MeToo運動を取り巻くさまざまな理論と実践のテーマ——性的自己決定権、韓国社会の男性文化と現実政治の男性連帯、政治と選挙の文化、メディア倫理、裁判所の性認知意識、ジェンダー暴力の概念と認識論等——を分析している。権金炫怜（クォン・キム・ヒョニョン）と鄭喜鎭（チョン・フィジン）の論考は、#MeToo運動と韓国の男性文化を軸として関連があり、橺砦昫（ハン・チェユン）とルインの論考は、性的権利を行使できる条件について問いを投げかけている。

権金炫怜の論考は、安熙正（アン・フィジョン）事件の裁判を傍聴しながら記録したフィールドワーク（field work）だ。権金炫怜は一審、二審公判を傍聴し、メディアで何がどのように報じられるか、どんな枠組みが作られるか、世論がいつどう変わるかを分析した。安熙正事件の最大の問題点の一つは、メディアの過度な介入と事実の歪曲だった。「国民の知る権利／義務」はどこかに消え、女性の人権に関する議題はゴシップに貶（おとし）められた。私自身もこの論考を読んで、メディアを通じて知った情報がどれほど馬鹿げたものだったのかを知った。メディア狂乱の時代に、それを受けとめる側は、いったいどの事実を信じるべきだろうか。

権金炫怜の論考は、進歩派男性集団についての精神分析でもある。『韓国の男性を分析する』で提示さ

れていた「植民地の男性性」という概念ともつながる分析で、韓国男性、しかも進歩派を自負する韓国男性は、家父長制社会の規範的男性性（保護者、勇気、独立性、家計における扶養者……）を獲得した集団ではない。権金炫怜（クォン・キム・ヒョニョン）は、進歩派男性が考える人権、民主主義、正義の概念を問い直している。韓国の進歩派男性にとっての「常識」とは何か。そもそも「常識」という単語は、フェミニズムの中ではあまり肯定的に使われない言葉だ。常識はすべて、社会構成員に抵抗なく受け入れられる一種の通念であり、支配イデオロギーだからだ。韓国の進歩派男性にとっての「常識」は、どうやら急進的価値のことらしい。現在の韓国におけるジェンダー戦争の主な原因は、男性文化が女性の自覚について理解していないこと、つまり男性が自分と相手を知ることに失敗していることだと言える。

　男性だけでなく、その男性と利害関係にある女性も、性暴力を男の「私生活」管理の失敗と認識している場合がある。性暴力は男たちが主張する「女の問題」ではない。男性中心社会が女性のセクシュアリティを女性の権利に基づいて思考できていないことこそ、問題発生の原因だ。こうした現実の中で、権金炫怜は、韓国の進歩派エリート男性がジェンダーの観点を欠落させている限りどんな正義（justice）もかなうはずがないという点について、かなり具体的に論証している。この論考は、テーマから形式に至るまで、韓国のフェミニズム研究者たちの執筆戦略と研究方法の模範となるはずだ。

　筆者（鄭喜鎭（チョン・フィジン））の論考は、＃ＭｅＴｏｏ運動を中心に、女性に対する暴力とジェンダー概念の紹介に焦点を合わせている。１９７９年12月18日、国連（ＵＮ）第34回総会で「女性差別撤廃条約」が採択され、１９

81年9月3日に発効した。この条約は「女性に対するあらゆる形態の差別」を国連に報告するよう求めている。韓国政府は1983年、89番目にこの条約に署名したが、このことを知っている国民はほとんどいない。女性差別撤廃条約の意味は、1975年に「国際女性年」が宣言されてから、ジェンダーが国際政治と人権の主要イシューとして登場した点にある。しかし韓国社会では今でも、女性に対する暴力と差別は些細な問題と認識されている。#MeTooはこれまでの女性運動を超えて、大衆運動かつ文化運動として広範囲に連携を広げており、女性に対する暴力の問題が決して「些細な」問題ではないことを知らしめた。これは、#MeToo運動が持つさまざまな意味のうちの一つと言える。

筆者は、#MeTooの「選別性」についても強調している。女性に対して日常的に加えられる深刻な暴力の一つである家庭内暴力、そして性産業従事者の女性に対する暴力は、#MeTooの提起がかなり困難な事案だと言える。特に性産業従事者の女性の被害は、#MeTooとして受け入れられない場合が多い。実際に性産業従事者の女性たちは、2018年に「君たちも#MeTooするの？　それなら金をもらうな」と「毎日」言われたと言っている。韓国の#MeToo運動は、韓国社会のさまざまな場所に蓄積された「弊害」に対する挑戦だった。しかし、家庭内暴力と性産業従事者の女性に対する暴力は#MeToo運動の事案にはならなかった。筆者はその理由を分析している。韓国の#MeTooは、加害者が特定のコミュニティにおいて絶大な権力を行使できる立場の人だったり、あるいは有名人で影響力が大きい場合だったり、被害者が多数発生した場合に限定されていた。

このような現象の限界性は、#MeToo運動がメディアの報道やソーシャルメディアの拡散とともに広がったという側面から説明可能ではある。しかし筆者は、現象の裏にある作動原理のほうに関心を持っている。つまり筆者が究明しようとするのは、暴力が可視化されるかどうかを決める権力の性格だ。なぜ暴かれる暴力と暴かれない暴力があるのか。なぜ女性は暴力被害を隠してきたのか。それはジェンダー・システムとどんな関連があるのか。これらの問題に介入するジェンダーと、他の権力との相互作用および力学とは何なのか。現実の権力との距離によって、加害が報じられなかったり、加害者が守られたりする場合、#MeTooは再度、男性同士の政治（男性連帯）の中で、男性の基準によって選別されることになる。#MeTooがジェンダー構造を変化させる政治になるためには、被害者が誰であれ、加害者が誰であれ、罪の性質によってのみ審判されるべきだ。このような議論を通じて、筆者は#MeToo運動の渦中で混乱している韓国男性に対し、新たな「性役割」を提案している。

橺砦昀（ハン・チェユン）の論考は、韓国人にとってなじみ深い古典小説『春香伝（チュニャン）』を再解釈することで性的自己決定権の文脈を理論化、歴史化しており、重要なものだと言える。安煕正（アン・フィジョン）事件の一審裁判所が加害者に無罪を言い渡したときの論理は、被害女性は性的自己決定権を行使し、拒絶の意思を十分表明できたにもかかわらずそうしなかった、というものだった。「被害女性は聡明で、性的自己決定権を十分行使できたはずだがそうしなかった。これはすなわち同意を意味する」という論理だ。一言で、「罪」は加害者ではなく被害者にあり、その罪は「存在する権利」を行使しなかったこと、という意味だ。裁判所はこの奇怪な論理を使って、加害者として法廷に立った被告人に性的自己決定権侵害の罪を問うたのではなく、被害者である告訴人に性的自己決定権を行使しなかった罪を問うた。

棡皆昀は『春香伝』の分析を通じて、性暴力の保護法益が「貞操」から「性的自己決定権」に移り変わったことの意味について書いている。「貞操」が、女性が社会の構成員になる権利や地位を決定づける社会においては、貞操は権利ではなく義務であり、女性は貞操を守らなかったという理由で「処罰」される。韓国社会では1994年に刑法が改正され、性暴力の保護法益を貞操と規定していた条項が削除された。それにもかかわらず、安熙正事件の一審裁判所は、貞操と性的自己決定権を完全に混同しているとしか言えない、救いようのない判決を下したのだ。

『春香伝』に関する棡皆昀のアプローチ方法は、フェミニズム・テキスト分析の模範を示している。最も基本的な問いはこうだ。「男性には一切求められない貞操観念がなぜ女性にだけ求められるのか」。私たちの社会は、これまでこのような問いかけをしてこなかった。女性の同意の有無だけを追求し、しかもその判断は男性が独占して行っていた。「同意しないためにどれだけ努力したか」。このような問い自体が人権侵害であり、性暴力だ。しかし、『春香伝』が書かれてから数百年がたった今も変化はなく、女性たちは依然として同意の有無を証明しなければならない。男性の性的自己決定権は生まれつきのもので、女性の性的自己決定権は勝ち取ったものだからだろうか。これは根本的な問いと言える。棡皆昀の論考はさらに、フェミニズム批評の試金石でもある。フェミニズム的視線は、単なる「女性の立場」という意味ではない。橺砦昀（ハン・チェユン）の観点のように、成春香（ソン・チュニャン）、李夢龍（リ・モンリョン）、卞学道（ピョン・ハット）などといった主要人物の階級やジェンダー階層によって作用、競合する現実を分析する視線こそ、フェミニズム的観点と言える。

ルインの論考は、ジェンダー概念に対する認識や合意のない韓国社会において、なぜある女性に対する暴力はジェンダー暴力となり、ある女性に対する暴力はジェンダー暴力にならないのかを問うている。このような問題提起は、誰が「本当の女性」であり、誰が暴力の概念を決めているのかという、フェミニズムの最も根本的な論争をはらんでいる。

過去数年の間に韓国社会で起きた最も驚くべきことは、キム・ヒョンミの指摘どおり、「保守政治家やキリスト教原理主義者、青年、女性たちの間で、社会的弱者に対する感情的な連帯が構成されていたこと」だ。(10) フェミニストが初めて公式に社会的弱者を嫌悪した事例は、2001年に「韓国女性学会」で発表されたカン・スッチャの報告だ。カン・スッチャは李氏朝鮮時代の記録を根拠に、韓国にレズビアンはいないと主張した。当然それは史実でも事実でもなかったのだが、カン・スッチャは自身の発表を「学問の自由」であると主張した。「韓国女性学会」の一部メンバーも、カン・スッチャの主張に強く反論することができなかった。一方、このようなカン・スッチャのホモフォビア〔同性愛者に対する偏見〕は、韓国女性性的少数者人権運動の会「キリキリ〔お互いに、～同士の意〕」や梨花女子大学女性学部チョ・スンギョン教授、「ヤングフェミニスト」〔1990年代に登場し活動したフェミニストたちのことを指す〕組織などから激しく批判され、カン・スッチャの主張は公的な議論の場から「淘汰」された。この事件は、中産階級の異性愛者女性の無知によるホモフォビアだったと言える。ここ数年間、REDFEM［社会主義フェミニストの会を標榜する韓国のフェミニスト団体］やTERF［トランス排除的ラディカルフェミニストのこと。TERFはTrans Exclusionary Radical Feministの頭文字］ら一部のフェミニストも、社会的弱者に対する嫌悪と排除を主張している。これらの動きは、アメリカの対外侵略を支持する右翼フェミニストや、女性は性役割を利用してでも出世すべきとする「パワー・フェミニズム」とも異なるものと言える。カン・スッチャらのようなホモフォビア的フェミニズムは、重要な研究対象とすべき現象だ。各自が生き残る方法を探すためにはどうしたらよいかということ、グローバル資本主義や新人種主義、（レーガン時代のような）社会生物学、フェミニズムに対する基本的な合意が崩壊している局面で、これらの勢力とは無関係に、きちんと研究されるべき対象と言える。公的な議論の場をどのように作り直していくべきかについても、深い考察が必要な状況と言えるだろう。

女性に対する暴力の問題に人々の関心が集中したことで、フェミニズムとクィアを明確に分離して派閥化しようとする動きも一部あった。ルインの論考は、このような一連の流れに批判的に介入し、これまで進展してきた議論に対してもフェミニズムの言語で再介入しようとしている。また、非トランス女性を中心に議論される既存のジェンダーと暴力との関係を、トランス・フェミニズムの文脈からもう一度批判的に読み解いている。このような作業を通じて、ジェンダー暴力がジェンダーを体得する過程としてだけでなく、非トランス・フェミニズムとトランス・フェミニズムの接点を模索する重要な土台でもあることを示している。セックスとジェンダーを同一視する立場は、セックスとジェンダーの「不一致」を根拠に、トランスジェンダーに対してヘイト暴力を加える加害者の行為を正当化する論理と共鳴している。これは、トランスジェンダーの経験と非トランスジェンダーの経験を別ものとして扱うことによって生じた問題でもある。ルインは、トランスジェンダーの経験と非トランスジェンダーのジェンダー経験は交差するという認識から、ジェンダー暴力は女性に対する暴力「ではなく」、ジェンダー規範を体に刻印する実践であると再解釈している。

フェミニストの知識創造

トランス会は、学会の外にある「学会誌」であること、社会運動としての執筆作業、現代韓国社会の現実に対する脱植民地主義分析を目標としている。そのトランスの4冊目の本が刊行されることになった。当然のことながら、ジェンダーとジェンダー暴力に関する本書の議論は、現時点でのものにすぎない。今後、本書の内容を相対化できる言語があふれるほど出てくることを願ってやまない。言語はいつも、現実からかなりの時間が経過したあとに遅れてやってくるものだ。その間隔は数年である可能性もあるし、数百年である可能性もある。言語が遅れるほど私たちは苦しむことになる。

少なくとも、フェミニズム、女性運動には、揶揄(やゆ)の対象としての「机上のフェミニズム」はありえない。

フェミニズムにおいて、理論と実践は分離しない。支配言語との不一致が身体的苦痛や暴力となって出現する社会的弱者にとって、言葉と実践の間に差はない。私の個人的な経験を振り返ってみても、私にとって一番苦しかった現場は講義室だった。そして本当に問題なのは、「まともな」机上のフェミニズムが、あまりにも――このような副詞を乱発せざるをえない――不足している現実と言える。私たちは、一人のフェミニズム研究者を鍛え上げるためにどれだけの個人的・社会的努力が必要かを知っている。鍛え上げられたフェミニズム研究者が十分いたとしても、生活と活動を並行しながら研究を継続することは困難で、最終的には「個人的な健康問題」で研究を続けられなくなるケースが多い。こういうケースに直面したとき、最も挫折感を覚える。

さらに、現代はユーチューブの時代だ。このことが意味するのは人文・社会書市場の危機だけではない。社会全般にわたって、知識や事実（fact）、何かを知ることに関する概念の合意が不可能になった。このような多媒体の時代に最も注目すべき現象は、人々がそれぞれ参考にしている知識のソースが多様化しているという現実だ。フェミニズムの知識に関しても、「フェイクニュース」が横行し、フェミニストは研究を進展させるより先に誤りを「ただす」ことに手間をとられるようになった。

研究者不足は、言語の不足だけを招くわけではない。さらに問題なのは、研究者が少ないほど、論争も連帯も困難になるという点だ。学派は派閥となり、批判は感情的ゴシップに陥りやすくなる。こういうときに「フェミニズムは正しいけれどフェミニストは嫌いだ」と言って背を向ける人が増えるものだ。

私たちは時がたつほど、活動・仕事・生活・勉強・連帯・執筆をいっぺんに行うことがどれだけ困難か実感する。また、自分たちの日常を知識創造の土台にして毎日思考するのにどれだけの「労力」が必要なのかも痛感している。研究と活動、理論と実践、事件の当事者と非当事者という境界を越えて執筆をすることがどれだけ困難なことなのかも、本書の出版作業を通じて痛切に実感した。このようなことを考えながら、1990年代に『もう一つの文化』という同人誌を発行して、こうした試みに挑戦していた「先輩」フェミニストたちに思いを馳せた。そして先輩フェミニストたちにあらためて感謝したいと思った。歴史は勝手に紡がれていくわけではない。「私たちの世代」は、先輩フェミニストたちほど激しく、かつ誠実だろうか。年齢の問題ではないだろう。私たちの身体はいつだって、先に気づきを得た人々の産物であるし、そのことを決して忘れてはならないと決意している。

本書の内容全般はもちろんのこと、特にまえがきは、筆者らの集団的執筆活動の過程を表したものと言える。その点では、特に権金炫怜（クォン・キム・ヒョニョン）とキム・ジウンに感謝している。「トランス」シリーズは、年に2回の出版を目標とし、この目標を守るために努力している。私たちにとって一番力になるのは、「次の本はいつ出るの？」と言ってくださる読者の皆様だ。私たちが望んでいるのは、韓国社会の全領域において、実際に現場で働く知識創造者が増えることだ。フェミニズムがこのような状況をリードすることを願っている。

２０１８年に書き始めたまえがきを２０１９年に書き終えながら

筆者を代表して　鄭喜鎭（チョン・フィジン）

安熙（アン・フィジョン）正性暴力事件共同対策委員会後援口座

国民銀行０２９３０１－０４－２０９０６９（口座名義：全国性暴力相談所協議会）

〔注〕

（１）リア・フェイ＝ベルクイスト（Ria Fay-Berquist）、鄭喜鎭他『フェミニスト・ユートピア』キム・ジソン訳、ヒューマニスト、２０１７年、１５５ページ。

（２）もともと本書に掲載される予定だったキム・ジウンの論考「＃ＭｅＴｏｏ——権力に立ち向かって闘う」のうちの一部を引用する。キム・ジウンの論考が掲載されなくなった経緯については、まえがきに記されている。

（３）「『女子選手を自分の思いどおりに指導したいなら……』再発防止を約束しておきながら黙認した人々」ＫＢＳ、２０１９年1月10日。

（４）２０１９年1月22日、ＪＴＢＣの記事タイトル。

（５）２０１８年9月20日、民主労総［全国民主労働組合総連盟］とその連帯団体が秋夕（チュソク）［韓国の旧盆］で帰省する労働者を対象にして配布した宣伝物に掲載された。全文は次のＨＰから確認できる。「『労働者キム・ジウン』でありたい」『労働と世界』２０１８年9月20日（http://workworld.kctu.org/ news/articleView.html?idxno=248264）。

（６）このような作業を試みた本として、チョ・ジュヒョン『女性のアイデンティティの政治学』（もう一つの文化、

2000年）がある。本書は、1990年代性暴力運動の転換点となった事件の一つである、キム・ボウン、金鎮寛(キム・ジングァン)（被害者の名前。その後改名）事件を分析した力作だ。チョ・ジュヒョンは、家庭内における男性の暴力——代表的なものとして、妻に対する暴力と近親性暴力——を通じて、韓国社会全般におけるジェンダーの作動原理に問題提起した。本書は、事件の支援と研究が同時に行われたフェミニズム研究のモデルと言える。

鄭喜鎭(チョン・フィジン)は研究者、活動家、被害者の分業に対して問題意識を持ち、当該事件の被害者と運動家が直接執筆した『韓国女性人権運動史』（ハヌルアカデミー、1999年）、『もう一度性暴力について書く』（ハヌルアカデミー、2003年）という2冊の本を企画、出版した。棡砦昀(ハン・チェユン)とルインはこの間、当事者、研究者、活動家の立場を統合した文章を執筆してきた。つまり、フェミニストの知識創造、ひいてはすべての倫理的執筆活動は、研究者、運動家、被害者の分断を最小化するための持続的な追求過程と言える。

（7）「『結婚は不可欠』ソウル未婚女性の3％にとどまる——北京は19％」SBS、2019年1月16日。

（8）金恩實(キム・ウンシル)「フェミニスト・クリティック、新たな世界を提案する」金恩實編『より良い論争をする権利——フェミニスト・クリティック』ヒューマニスト、2018年、参照。

（9）Nira Yuval-Davis, *Gender and Nation*, California: SAGE Publications, 1997 参照。

（10）キム・ヒョンミ「難民フォビアと韓国のポリコレの時間性」『黄海文化』101号、セオル文化財団、2018年、220ページ。

あの男たちの「女性問題」
――韓国の進歩的男性権力者の #MeToo運動に対する理解[1]

権金炫伶
Kwonkim Hyunyoung

「工作」したのは誰か

2018年2月24日。あるネットメディア放送において、これからの#MeToo運動には変質の可能性があるとして、金於俊（キム・オジュン）は次のように述べた。

> 一つ予言をしようと思います。久しぶりの予言です。これは工作という視点で見るべき事案、ニュースだと思います。最近、#MeToo運動と権力、またはヒエラルキーによる性犯罪に関するニュースがかなり報じられていると思います。これらのニュースに触れたとき、#MeToo運動を支持しよう、性犯罪を厳しく処罰しようと考えるのが正常な思考です。私たちはこういった思考を鍛えられていますのでね。では、工作の視点で読み解くと、これらのニュースはどう見えるか。まず一つ目。セックス。よい素材で、注目度も高い。二つ目。進歩としての価値もある。わかった。それなら、**被害者たちに少しだけ準備**をさせて、**進歩メディアに登場させよう**。進歩派である現政府の**支持者を分裂させる機会**だ。こういう風に思考を巡らせるんですね。(2)

金於俊は、2018年1月29日の徐志賢（ソ・ジヒョン）検事による#MeTooを韓国初の#MeTooと認識していた。(3)

つまり彼は、「変質」について誰よりも早く懸念していたということになる。その唯一の根拠は、十数年間ネット世論の流れを把握してきた彼の「見識」だけだったわけだが、では、金於俊とはいったいどんな人物だろう。金於俊は２０１８年10月現在、「言論界において最も影響力のある人物」ランキング第1位、「最も信頼度の高い言論人」ランキング第2位に選ばれるような人物だ。[4] 彼が何かを主張するだけで世論を左右できるほど影響力がある。そんな金於俊の冒頭の発言が放送されるなり、政治評論家たちは大物政治家に対する＃ＭｅＴｏｏのシナリオをこぞって発表し始めた。証券街で出回ったビラにも、政界の＃ＭｅＴｏｏ名簿がいち早く掲載されていた。そしてこれらの予想はあたった。２０１８年３月５日にはＪＴＢＣで安熙正（アン・フィジョン）元忠清南道（チュンチョンナムド）知事に対する＃ＭｅＴｏｏが報じられ、２０１８年３月７日にはプレシアンで鄭鳳柱（チョン・ボンジュ）元国会議員に対する＃ＭｅＴｏｏが報じられた。ここまでの経緯を見ると、金於俊の予言はぴったりとあたっているようだった。

ただし、二つの点を除けば、である。一つは「被害者に準備をさせる」という言葉だ。被害者に準備をさせるという前提が成立するためには、被害者が「存在する必要」がある。存在しない被害者を作り出すとか、被害者のふりをさせるという意味ではない。彼は最初から事実関係そのものには目を向けていないのだ。なぜなら、被害事実の真偽はこの枠組みの中では重要ではないからだ。被害事実が「あったとしても」、それが現政権の支持勢力を妨害する組織と結びついているならそちらのほうが重大な問題だ、というのが彼の主張の核心だ。政権を守る立場から見ると、民主系の政治家に対する＃ＭｅＴｏｏは内部に向かって銃を撃つようなもので、その中で立ち上がった被害者や彼らをサポートする人は、些細な問題に執着して（「津波が来ているのに貝を拾っているようなもの」［２００２年の大統領選挙中に改革国民党の党員合宿で性暴力事件が起きた際、事件の解決を求める党員に対し、党の執行委員であった柳時敏が行った発言］）全体を見通せない人ということになるのだろう。

このような枠組みは今も作動している。一審裁判の中で被告訴人安熙正側の弁護人は、告訴人キム・ジウンが朴槿恵政権時代に契約職の公務員をしていたことを政治的立場の問題に仕立て上げようとした。当時のキム・ジウンの勤務先は、チャ・ウンテク［朴槿恵・崔順実ゲート事件において崔らとともに逮捕された人物］が団長を務めていた文化体育観光部［省に相当］、未来創造科学部だった。そこで彼らは、「国政私有化の罪で収監されているチャ・ウンテクの下で働いていた」と言ってキム・ジウンを貶めようとした。「被害者に準備をさせる」という言葉は、裏工作勢力の存在が前提になっている。しかし、被害者が実際に特定の勢力と結託しているという証拠はどこにもなかった。なぜなら被害者こそ、進歩や人権を標榜する人たちを支持していたからだ。しかし、被害者が進歩派を政治的に支持していた事実は徹底的に無視された。女性支持者らを男性政治家個人の魅力にひかれたファンと認識する傾向があるからだろう。

「準備をさせる」という言葉についてもう一度考えてみたいと思う。普通、何かしらの報奨があるとしても、被害者のふりをしてニュースルームに出演することができるものだろうか。過激な女性団体が被害者を説得して告発をけしかけたという噂も、一部の界隈ではかなり多かった。断言するが、人生をかけてニュースルームに出演して最高権力者の性暴力を告発しなさいと被害者に勧める女性団体などない。キム・ジウンが顔を隠さずにニュースルームに出演することを決心したのは、元知事に随行していた関係で、すでに自分の顔がネット上で公開されていることを知っていたからだ。顔と名前を隠して告発をしたとしても、安熙正の多くの支持者とネット特有の個人情報特定文化が相乗効果を発揮して、キム・ジウンの顔からこれまでの経歴に至るまで、多くの個人情報が掘り起こされたはずだ。安熙正の予備選挙対策委員会にいた補佐陣やボランティア活動家、道庁職員も含め、女性であれば誰もがリアルタイム検索の嵐の中で安全ではいられない。少し想像しただけでも、この告発は、誰かが誰かに何かの準備をさせ、わざとテレビに出演させたという事案ではないことがわかるはずだ。また、準備をさせるという言葉の裏には、背後勢力の存在を暗示するだけでなく、そこに金銭のやりとりがあったはずだという陳腐な想像も伴う。いわゆる「美人局（つつもたせ）」だ。このような想像とは違って、＃ＭｅＴｏｏのために立ち上がった被害者たちは、事前に加害者と「交渉」などしていない。被害者に準備をさせたというのであれば、誰が何のためにどう準備をさせたのかについての説明が必要だが、具体的な言及は一切されていない。つまり金於俊（キム・オジュン）の「工作」発言は、「陣営論理」〔進歩か保守かの理念で味方か敵かを判断する論理〕と被害者非難に依拠して、問題の枠組みを転換させるための典型的な手法にすぎなかったと言える。

もう一つ異常だったのが、コメント欄の流れだった。特に、安熙正元知事に対する＃ＭｅＴｏｏがあったあと、コメント操作やフェイクニュースが組織的に生産、流布された。いくつかのＩＤをクリックして書き込みを見るだけでも、その分量や手法からして、明らかにコメントが「操作」されていることがわかってしまうほどだった。複数アカウントで同じ内容の文章と写真が同時に掲載されていたこともあった。

そうだとしても、このようなコメントが一定「量」を超えた瞬間、世論の空気は変わってしまう。このようにして一度でも流れが作られてしまうと、人々の思考は止まり、事件について詳しく知ろうとしなくなる。同時多発的に同じような内容が拡散し、その結果リアルタイム検索語の内容が変わるなどということは、利害当事者が直接動くか、特定の集団が明確な目的を持って組織されなければ、起こるはずがないのだ。

性暴力事件にこれだけのコメント操作が行われたケースを、私はこれまで目にしたことがない。被害者を非難し加害者を擁護する世論が支配的だったことはこれまでもあったが、これだけ複数の情報が集中的に書き込まれ拡散されたことはなかった。組織的な動きであることは明らかだった。このときから、私は集中して世論を観察し始めた。どこで話が行き詰まり進まなくなるのか、どこで、どんな方法で噂が広がるのか、その噂が、私と似たような考えを持った、信頼できる古くからの同僚の考えにまで影響するのかを記録し観察した。書き込みの内容は、24時間以内にカフェ、カカオトーク［韓国のSNS］のグループ、ラインのチャットルームに移行し、当事者でなければほぼ確認することのできない内密な情報として拡散していた。被害者にとって不利な情報だったので、安熙正（アン・フィジョン）側から提供された情報である可能性が高かった。

金於俊（キム・オジュン）の言う「工作」が本当にあったのだとしたら、工作を行った人物は「こちら側」を分裂させたい、李明博（イ・ミョンバク）―朴槿恵（パク・クネ）を支持する保守派であるはずだ。しかし、拡散されていた情報はすべて、安熙正にとって一方的に有利なものばかりだった。実際に安熙正の側近である元随行秘書のオ、熱血的な支持者で活動家のユらは、キム・ジウンに対する名誉棄損と侮辱の嫌疑で警察の捜査を受けた結果、起訴意見つきで検察に送致されている。(5) 彼らが組織的に活動したのか、あるいは性暴力に対する狭量な理解をもとに個人的意見を述べたのかはわからない。私のフェイスブックに「この事件は不倫であって性暴力ではない」とメッセージを送ってきた者もいたが、このような意見がすべて「工作」だったわけではないと思う。

そうだとすると、「予言」の目的は何だったのだろうか。金於俊は「今出ているニュースのことを指しているわけではありません。誰かが現れるということ、そしてそのターゲットはどこなのかということが言いたいのです。つまりは政府、青瓦台〔韓国の大統領官邸〕、進歩支持層ということになるでしょう」という発言によって、背後で工作が行われているはずだという考えを人々に植え付けた。こうして枠組みさえ作ってしまえば、事実関係の間に飛躍があったとしても、人々は簡単に信憑性のある話として受け入れてしまう。たとえば金於俊は、２０１８年2月24日、同じ番組の中で、２０１２年に金品受領の嫌疑を受けていた朴智元（パク・チウォン）議員が不意を突く形で自ら出頭し検察を困惑させ、結果的に有利な結論を引き出した事件について言及した。そして安熙正は#ＭｅＴｏｏ報道の4日後の3月9日、まだ検察から呼び出しを受けていないにもかかわらず自ら出頭した。私は陰謀論者ではないので無理な主張はしないことにするが、少しの「技術」さえあれば強引な主張に信憑性を持たせることはさほど難しくないことを知っている。私が今でも気になっているのは、金於俊（キム・オジュン）の「工作」発言が、#MeToo運動をめぐる悪質な冗談だったのか、あるいはこの発言自体が、#MeToo運動を妨害しようとする工作だったのか、ということだ。

誰が何のために裁かれているのか

これらの状況が、裁判を直接傍聴すべきと私が考えるに至った理由だった。目には見えないけれど確実に作動している強固なカルテルをこじ開け、新しい声を聞くための隙間を探したいと思った。できるだけ距離をとりながら、法廷で行き交う話を中心に、事件を叙述してみせよう。事件の実態に関して、私自身の暫定的な意見についても再検討しよう。そんな気持ちで傍聴を始めた。

6月15日に第1次、6月22日に第2次公判準備期日が開かれた。公判準備期日とは、裁判の日程を決め、証人申請をし、証拠目録を確認する手続きのことだ。この過程で、裁判所が何を争点として見ているのかがわかる。

公判準備期日の核心となる争点は、データ復旧技術によって復元した携帯電話の資料を提出するか否かだった。安熙正（アン・ヒジョン）側の弁護人は、復元した被害者の携帯電話の資料をすべて提出することを求めた。検察側は、資料をすべて提出する場合、裁判には不要なプライベート情報まで公開されることになるので、期間や通話相手などを特定して要請すれば提出すると回答した。傍聴席にいた私は、どんな状況が繰り広げられているのか、あまりよく理解できなかった。この期日以前の報道記事によれば、検察の調査過程で被告人は最後まで携帯電話を提出せず、さらには自ら廃棄したという疑惑まで提起され、証拠隠滅の懸念などを理由に拘束令状が請求された。しかし拘束令状について審査した裁判所は、被疑者の防御権は十分に行使されなければならないと判断し、これを棄却した。(6) 証拠隠滅の懸念がある状況だったにもかかわらず、安熙正は拘束されなかった。それなのに一審裁判が始まると、被疑者が提出すべき資料はいったいどこに行ってしまったのか、逆に安熙正側が被害者に対して資料の提出を求めたのだ。この状況をいったいどう理解すればよいだろう。共同対策委員会のメンバーである韓国性暴力相談所のキム・ヘジョン副所長は、公判が始まってすぐに安熙正の携帯電話が廃棄されたことは問題視せずに、被害者の私生活に関する資料を提供すべきかどうかという議論が行われていたこと自体が、「被告人」裁判ではなく、「被害者」裁判の流れを作る始まりだったと批判している。

もう一つの争点は、裁判公開の可否、そして被害者の傍聴権の問題だった。検察は裁判全体を非公開とすることを要請し、被害者の弁護士は、非公開の可否については裁判所の立場に従うものの、当事者として被害者にも傍聴をさせてほしいと言った。安熙正側の弁護団からは、裁判全体を非公開にするのは差し支えないが、被害者も他の証人の非公開証言のときには傍聴者と同じように退廷すべきと主張した。現行の刑事裁判のルールでは、被告人は裁判の全行程に参席できるが、告訴人は当事者ではなく第三者として扱われることになっている。このような不条理が、安熙正側弁護士の主張を可能にしたのだ。裁判所の決定は、裁判支援手続きを最大限活用して被害者の傍聴権を保障しつつ、裁判の過程を公開するというものだった。性暴力事件における被害者中心主義は、被害者「保護」ではなく、「権利」を核としたときに意味を持つはずだ。裁判所は、被害者を保護するために遮へい板を設置するといった措置をとることには熱心だったものの、被害者が裁判の進行状況を把握するために情報を得ようとしたり、証言に対して積極的に反論することに関しては、あまり歓迎しないケースがしばしばある。ちなみにこのようなケースはよくあることだ。権利に対する理解のない保護主義は、結局は被害者らしさに対する固定観念につながる場合が多く、被害者の積極的な法的対応そのものを萎縮させる。裁判過程を公開し被害者の傍聴権を保障することは、被告人を中心として形成された現行の刑事訴訟においては、構造的に不可能なことだった。

裁判が始まってすぐに深刻な二次被害が続いていたので心配していたものの、裁判を見守ったことで、私は少し安堵することができた。これまで傍聴したどの裁判よりも、被害者側に立って被害者をサポートしようとする人が多かったからだ。一般的に、職場で性暴力を受けた被害者は、もっと孤独な闘いをしていることが多い。それでも、被害者側の証人と加害者側の証人を申請して決定する過程において、安熙正(アン・フィジョン)側の威力は有形無形に存在していたし、実際に行使されていた。たとえば、被害者側の証人が置かれた状況は次のとおりだった。数名いた証人のうち、非公開申請をしたのはほとんどが被害者側の証人だった。不利益を承知のうえで証言する覚悟まではできたものの、メディアには露出されたくないという人もいたし、上司から「証人に立つのはいいが、そのことを外部に知られないように」と言われていた証人もいたようだ。被害者側の証人に立った人たちは、政界での経歴が決して長くない、非正規職や選挙対策委員会のボランティアたちだった。かつて道庁に勤務し、今はカフェでアルバイトをしている20代の職員が証人席に立ったとき、私のすぐ隣に座っていた安熙正の側近らしい中年男性が、独り言のようにぶつぶつとこう言った。「アルバイトなんかにいったい何がわかるんだ……」。安熙正側の傍聴客は、主に中高年男性だった。彼らは握手を交わし、お互いの肩をぽんぽんと叩きながら、安熙正や弁護団と会釈を交わしていた。

妻を筆頭に、安熙正の支援者らは、キム・ジウンの勤務中の行動はまったく被害者らしくなく、むしろチームの雰囲気は民主的でフラットだったという内容の証言を行った。スイス出張後に「笑笑」という記号をメールで送っている点、「元気か、仕事はやりがいがあるか」という質問に対して（被害者が）「私の上司は私が守る」という内容のメッセージを送っている点を考えると、キム・ジウンはとても被害を受けた人には見えなかったという証言が出た。他にも、出張中、非常識なことにキム・ジウンが安熙正夫妻の寝室に入ってベッドの足下に立っていたという証言、安熙正元知事と一緒にタバコを吸うほどフラットな雰囲気だったという内容などが公開された。被害者側の証人は逆に、選挙対策委員会内での暴言、暴行は日常茶飯事であり、別の性暴力事件もあったと証言した。安熙正には若い女性スタッフを異常なほどじっと見つめる癖があり、女性がいるところでは話し方も変わるという内容の証言もあった。被害者は、自分は道庁初の女性随行秘書で多くの視線が集中していたため、仕事はどうだと聞かれたときには肯定的な返事しかしてはならないというプレッシャーを感じていたし、ベッドの足下に立っていたことなどなく、夫妻が寝室にいるような時間にドアの外から連絡をとろうとしたのは、安熙正（アン・フィジョン）と内縁関係にある別の女性が連絡をとりたがっていたので、焦ってそのような行動をとったのだと回答した。

安熙正側の支援者は、安熙正は気さくな人で権威的ではなかったという事実を裏づけるため、彼と一緒によくタバコを吸っていたという話を何度も強調していた。しかしあとになって事実を確認したところ、これは被害者が安熙正とタバコを吸っていたという話ではなく、支援者たちと安熙正が一緒にタバコを吸っていたという話だった。ちなみに被害者は、生まれてこの方タバコを吸ったことなど一度もないそうだ。キム・ジウンは被害を受けながらも自分の職務をまっとうしようとしていたが、このような被害者の態度は逆に安熙正への執着として再構成された。また、安熙正の妻は、被害者は地べたに座って絵を描いていた、安熙正に可愛いと思われたくてそのような行動をとったのだと証言した。このような妻の「感情論」は、それ自体が正当な疑惑として、メディアと傍聴席であますところなく露出した。その証言があまりにも感情的だったので、裁判所も自制を求めるほどだったが、このような事実はメディアの報道にはほとんど反映されなかった。つまり、裁判過程全体が、構造的に権力が行使される場となっていたのだ。安熙正側の弁護団は、この事件をできるだけ「不倫」に仕立て上げて、被害者の政治的立場に疑いを抱かせる方向に持ちこもうとしていた。誰が何のために裁かれているのかがわからず、混乱をおぼえるほどだった。安熙正が権力型の性暴力の罪で裁かれるべき法廷において、事件に関する証言は不倫の事実とみなされた。

その結果、妻の証言直後に報道された記事のコメントは、「本当の被害者は妻」という内容でいっぱいになった。#MeToo運動に向き合う韓国の進歩的エリート男性の思考と裁判所のジェンダー認識とが完璧に一致した瞬間だった。

「どうすれば地位が他者の人権を奪えるのでしょうか?」という意味不明な文章

2018年7月27日、連日の暑さの中、一審裁判が結審を迎えた。一審公判の間、被告人は公開法廷で一度も陳述をしなかった。一方の告訴人キム・ジウンは、検察で数十時間におよぶ調査を何度も受け、一審の法廷では13時間もの間、被害事実について陳述を行った。しかし安熙正は、このような長時間の調査を受けたことがなかったし、法廷での陳述も行わなかった。7月27日の結審期日は、彼の陳述をついに直接聞ける機会だった。午前に被害者の陳述があったあと、休廷をはさみ、いよいよ安熙正が陳述を行う午後の時間になった。私は午後の遅い時間に別の会議があったので、陳述を最後まで聞けるか心配していた。会議の時間を少し遅らせようか悩んでいたところ、ついに安熙正が起立して陳述を開始した。彼は、被害者はもちろんのこと、裁判所や国民、忠清道(チュンチョンド)の道民をはじめとして、被害者を支援する弁護団や女性人権団体に対しても申し訳ないと語った。かつて弾劾を受けた朴槿恵(パク・クネ)が「国民の皆様に対して頭を下げて謝罪します」と言ったときを思い出させるほどだった。「彼はいまだに、自分が政治的に再起可能だと思っているのだろう」と冷ややかに悟った。彼は続けてこう言った。

「どうすれば地位が他者の人権を奪えるのでしょうか？」。彼がこの言葉を発した瞬間、傍聴席がざわついた。人々は顔を見合わせながら、声は出さずに口の形だけで「どういう意味？」と言っていた。傍聴人の多くが「彼は今なんて？」と言いながら首をかしげていた。法廷では傍聴席で声を発することが禁じられているものの、あまりの驚きに声を出して聞き返してしまう人もいた。安熙正（アン・フィジョン）の言葉は何を意味していたのだろう。「地位のある人は、このような形で他者の人権を踏みにじることはできない」という意味だろうか。あるいは「地位を使って他者の人権を奪うことはできない」という意味だろうか[7]。

安熙正のこの発言はかなり象徴的と言える。この文章の主語は「地位」だが、地位とは到達した場所という意味であり、この文脈では道知事としての地位を意味しているはずだ。道知事という地位では、他者の人権を奪うことなどできないという意味だろうか。そうだとすれば、「地方自治選挙によって選出される道知事の地位はかなり不安定で、常に道民の機嫌をうかがわなければならない。そんな状況で、どうやって他者の人権を奪えるというのでしょうか」という説明が先にくるはずだ。しかし、安熙正が口にしたのは「どうすれば地位が他者の人権を奪えるのでしょうか？」という言葉だけだった。まったく意味のわからない表現だった。自らに与えられた最も公式的な発言の機会を、意味不明な言葉で終わらせてしまうことが信じられなかった。安熙正が冗長なきらいもあると言われるほど口達者で有名な人だからこそ、余計にそう思った。

告訴人キム・ジウンは午前中いっぱいにわたって8ページにおよぶ陳述文を読み上げた。キム・ジウンの陳述文は一文一文がしっかりとした文章で構成されていた。歯を食いしばりながら陳述文を読み上げる姿から、キム・ジウンが必死で涙をこらえていることが傍聴席にも伝わってきた。傍聴席では涙をふくためのティッシュやハンカチが、手から手へと静かに差し出されていた。ひるがえって、午後にはまったく別の光景が展開された。安熙正が期日に向けて何の準備もしていなかったことがわかる例の発言は、これまで法廷が安熙正にとってどれだけ安穏とした空間だったのかを逆説的に示してくれた。性暴力事件を傍聴したことのある人なら誰もが共感できることだと思うが、驚くべきことに、加害者は綿密な弁明を準備してこないことが多い。前後の文脈が合わない陳述をすることもあるし、事件当時の状況について積極的に説明することよりも、自分がどれだけ社会にとって必要な人間なのか、これからどう一生懸命生きていこうと思っているのかを証明するために時間を割くことが多い。

20余年前に初めて性暴力事件を傍聴したときも、加害者は例によってお粗末な陳述をしていた。それで私は被害者の勝訴は決まったものとばかり思っていたのだが、見当違いだった。裁判に勝つ自信のある加害者だけが、まともな準備をせずに法廷に臨んでいるということがあとからわかった。安熙正の発言を耳にした私は、とてつもなく不吉な予感にさいなまれた。

存在する権力は必ず行使される

それから20日後の8月14日に言い渡された一審公判の判決は、案の定惨憺たる結果だった。強制わいせつ5回、業務上の威力によるわいせつ1回、業務上の威力による姦淫4回という公訴事実全部に対して、裁判所は無罪を言い渡した。裁判所は、安熙正（アン・フィジョン）とキム・ジウンが業務上の権力関係にあったことは認められるものの、実際に安熙正が自分の威力を行使して性的自己決定権を侵害したという判決を下すには犯罪の証明が十分ではないと判断した。

114ページにおよぶ判決文で、裁判所がキム・ジウンの主張を退けた理由は次のとおりだった。一つ、地位・関係性を利用した威力による姦淫が最初に発生した翌朝に安熙正が好きな朝食メニューをキム・ジウンが用意しようとしていたのは、通常の被害者が見せる反応とは違うということ。二つ、事件以降も第三者に対して安熙正への尊敬と支持を表明していたこと。三つ、被害の後遺症がまったく感じられないほど日常業務をきちんと遂行していたこと。

裁判所は本当にわからなかったのだろうか。あるいはわからないふりをしているのだろうか。これらの理由はすべて、上下関係において下にいる人、それも上司と至近距離で業務を遂行している人であれば、誰もが当然に備えている業務態度と言える。多くのサラリーマンは、味にうるさい上司のせいで飲食店を探すのに骨を折ったり、上司に逆上されても、翌日も通常どおり出勤して、上司の目を見て接したりしなければいけない。そしてこうした理不尽に耐えるため、上司から学ぶべき点や尊敬する点を探して、なんとか自分を納得させようとする。キム・ジウンは、安熙正の政治的立場やビジョンを支持して彼の選挙対策委員会に入った。性暴力事件以降も安熙正に対する尊敬と支持を表明し続けたことは、決して矛盾ではない。

教授から性暴力を受けたSという被害者は、被害当時の状況や自分の感情について、次のように説明している(8)。加害者の教授は、被害者が専攻を希望する分野において唯一学生を指導できる人で、誰からも人間性と実力を認められるような人物だったそうだ。Sは入学して間もない頃に性暴力被害を受けたが、翌日に「大きな過ちを犯してしまった」と謝罪されたので、一度は目をつぶることにしたという。しかし、それから間もなくしてもう一度性暴力が起こった。被害者はそのとき、「あのとき目をつぶるべきではなかった」と後悔しながら表情をこわばらせていたそうだ。教授はある日の授業中、学生たちを全員教室から退室させたあと、被害者の前で自傷行為を試み、自分が服用している薬を見せたそうだ。信じられないかもしれないが、被害者はこのような形で6か月もの間、十数回にわたって性暴力を受けた。加害者はそのたびに、毎回違う方法で被害者を説得したり、懐柔したり、謝罪したりした。そして被害者は毎回、どうにかして加害者の言い訳を信じたいと思ったという。ついに耐えられなくなった被害者は退学を決意し、学内機構に被害を告発した。その結果教授は懲戒処分を受けることになったものの、Sは今でも加害者の実力だけは認めていると語った。知人による性暴力の中でも、信頼関係のある人による性暴力のほうが、後遺症が長く残りやすい。その理由は、被害者が矛盾する感情を同時に抱くことになるからだ。普通、地位・関係性を利用した性暴力の加害者は、暴行や脅迫の代わりに自分が持つ権力をアピールしたり、将来を保証するなど約束を利用して権力を行使する。そのため被害者は、他の誰よりも、どうにかして加害者の行動を合理化し、理解しようと努める。

裁判所は、事件発生翌日の「飲食店」の予約の件も重要視していた。これについてキム・ジウンは、「韓国料理店に行こう」と提案をしたのは自分ではなく、別の補佐役だったはずだと証言した。事実の真偽はさておき、誰が韓国料理店を提案したのかによって事件の本質が変わることはない。それでも一審裁判所は、被告人と被害者の陳述が食い違ったときは、特別な根拠もなく被害者の供述を退けた。証拠よりも推定に基づいており、被告人を検証することはなかった。(9) 仮にキム・ジウンが韓国料理店に行こうと言ったのだとしても、飲食店を探して予定を組むことは随行秘書の主要業務と言える。今回の判決に対して多くのサラリーマンが怒りを表明した理由もこの点にある。つまり、女性だけでなく男性も、サラリーマン生活の中で上司が持つ権力によって引き起こされるさまざまな出来事に耐え忍んでいるということだ。多くのサラリーマンが、行きたくない会食や登山に無理やり付き合わされた経験があるはずだ。サラリーマンであれば、上司に罵倒されたり、暴力を振るわれたり、体を触られたりしても、翌日になればまた会社に行かなければならない。彼らにはキム・ジウンの状況がよく理解できるのだ。

この他にも、裁判所には理解できなくてもサラリーマンには理解できることがある。威力姦淫に関する法理を検討する中で、裁判所はこれまでどんな判決の中でも見たことのない「分離の手法」という芸当を披露した。威力が存在することと、威力を行使することを分離したのだ。「被告人が威力を一般的に行使、濫用していて、『権力の存在感』そのものが被害者の自由意志を抑圧したと見るべき証拠は足りず、抵抗を困難にする物理的強制力が行使された具体的証拠があったとみなすことはできない」。裁判所は、道知事と秘書が権力関係にあるということは認めるものの、「安熙正(アン・フィジョン)は普段、道知事としての権力を濫用することはなかった」という証人の言葉を根拠にして、安熙正は日常的に権力を行使していなかったと判断した。性暴力加害者には組織の中で絶対的な権力を行使する者もいれば、自分は権力者ではなく気さくな上司であるとアピールしたがる者もいる。入社間もない女性職員に対しては合意のない性的接触を常習的に行いながら、別の職員に対しては気さくなよい上司であろうとする。そうすると組織は、女性職員の被害に目をつぶるようになる。一人が我慢すれば他の全員が幸せになるような状況を作り上げる、典型的な手法の一つと言える。

権力が行使される方法はかなり多様だ。安熙正が男性随行秘書と一緒にタバコを吸って気さくな態度をとっていたことが、なぜ女性随行秘書に対して常習的に性的接触を行ったことに対する免罪符となるのだろう。なぜ安熙正は、「全日程随行」を女性随行秘書にだけ求めたのだろう。民主的でフラットだったという証言とは異なり、安熙正は随行秘書に対して何かを指示するとき、「タバコ」「水」「キムチ」とぶっきらぼうに命令することが多かったという。指示を受けた秘書はすぐにそれらを手配することになっていた。また、風呂代やタバコ代といったこまごました出費は、随行秘書の個人費用をあてなければならなかっただけでなく、安熙正（アン・フィジョン）宛ての電話は随行秘書に転送され、いつ何時でも電話に出る必要があったそうだ。出勤時間と退勤時間はまったく調整が利かなかったし、業務範囲は安熙正の指示によって常に変化していたという。安熙正の機嫌をうかがうことは秘書たちの主要業務で、感情労働でもあった。これらの状況を考慮して判断すると、権力は存在していたものの行使されなかったという認識はまったくの誤りであり、実際に権力は毎日、毎瞬間行使されていた。行使される方法がその時々で違っただけのことだ。安熙正の不機嫌さはメールの「……」で表現された。安熙正は「君は私のメモリ保存装置だ」と言って、何でもすぐに思い出せるようにしなさいと、常にプレッシャーを与え続けた。以上が、ニュースルーム出演当時から一審が結審するまでの間、キム・ジウンが一貫して主張し続けていた内容だ。安熙正はこれらの内容について、今日まで一度も直接の反論をしていない。反論できるのは安熙正自身しかいない。男性随行員が「安熙正は権威的な態度をとったことなどない」と言ったからと言って、その言葉にいったいどんな意味があるのだろう。

　職場で起こるセクシュアルハラスメントがすべて、絶対的な権力を持った上司が無理やり相手の腰を抱き、酒を注がせ、強制的に身体接触をするといった行動に現れるわけではない。職場の先輩がチームの若くて可愛い後輩に「空気を読め」と言ったり、それができなかった場合「俺に気を遣わせるつもりか」と言ってため息をつきながら無言の圧力を行使することもある。これらの例の中に直接的な強要は一つもないが、断りにくい雰囲気を出していることだけは確かだ。ヤン・ジノ［韓国屈指のオンラインストレージサービス会社のオーナー。2018年に職員に対するパワハラ・暴行で懲役刑を言い渡された］のようなやり方で権力を行使することはむしろめずらしい。そして当然のことながら、権力行使の方法は性別によって大きく異なる。人々から「尊敬される」指導者の素性が明かされたとき、周囲の人が「あんな人ではないのに」と証言するケースがどれほど多いか。彼らは相手を選んでいる。ひどい扱いをしてもよいと思う相手を選別して権力を行使しているのだ。性暴力や家庭内暴力の加害者のほとんどは、周囲の人に対する接し方と被害者に対する接し方が激しく異なる。また、権力の存在感は、人それぞれ異なる形で経験するものだ。たとえば、新入社員のときや、自分の置かれた状況を吐露できるような人間関係が組織の中にないときなど不安定な環境にいる場合、そうではない場合と比べて権力の存在感は大きくなる。

話題を事件の話に戻そう。公訴提起された全10件の事案のうち、8件は被害者が勤務を開始してから2か月以内に起こったものだった。安熙正による最初の性暴力は、キム・ジウンが勤務を開始してから3週間がたったころ、しかも海外出張中に起こった。ここで、被害者の立場に立って考えてみてほしい。安熙正は大統領選挙の有力な候補であり、キム・ジウンの任免権者でもあった。また、政界に入って間もない被害者は、周囲の人々から「この職場で一番重要なのは評判だ」と繰り返し聞かされているような状況だった。あなたには想像できるだろうか。いっそのこと、尊敬する政治家が強圧的な態度をとっていれば、明確な状況判断ができたのかもしれない。重責を負った者としてのプレッシャーを訴えながら抱きしめてほしいと懇願されたら、あなたは首を横に振って地べたを見つめながら、今の状況を望んでいないことを伝えるため、体をこわばらせて消極的な態度を示す以外に、いったいどんな行動をとることができるだろうか。

繰り返し強調していることだが、安熙正(アン・フィジョン)はわざわざ相手を暴行したり脅迫したりしなくても、十分に相手の意思を制圧できるほど圧倒的な権力を持っていた。それは裁判中も同様で、彼が持つ権力は裁判の担当部を決めるときにも露見した。裁判所で担当部を決める際にはいくつかのルールがあって、裁判当事者が「忌避」を申請する以外にも、裁判官と弁護人が知り合いであることが確認できた場合に再配当を行うという原則がある。これは縁故関係が裁判に影響する可能性を排除するためのルールだ。もともと二審の開始日は11月22日だったのだが、忌避申請が受け入れられた末、12月21日に変更された。遅れて委任状を提出した被告人の弁護人と、ソウル高等裁判所刑事8部所属の裁判官が大学の同期だったからだ。そもそも一審でも、知事再任時代に被告と判事の間に縁故関係があったことが確認され、事件の再配当が行われていた。検察調査と一審裁判で被告人の代理人として選任された弁護士は、少ないときでも4人だった。そのメンバーの中には2004年ソウル高等裁判所長、2007年政府公職者倫理委員会委員長兼判事や、2002年から2016年まで検事を勤めその後弁護士になった者、2018年に地方裁判所部長判事を退職したあと大手法律事務所に転職した弁護士のうち司法修習期が上の者といった顔触れが含まれていた。

実際に裁判に影響を与えるかどうかはわからないものの、権力が存在すれば、権力を「行使」できる「可能性」が開ける。存在する権力は必ず行使されるのだ。裁判所はこのことをよく知っているからこそ、忌避申請制度を設けたはずだ。権力は相手によって異なる形で行使されるからこそ、当事者たちの間にどれくらい直接的な業務関連性があったのか調査するのではないか。それにもかかわらず一審裁判所は、権力は存在していたものの行使されなかったと判決した。そもそも地位・関係性を利用した威力による姦淫罪は、暴行や脅迫などの明らかな証拠がなかった場合でも、権力を行使して性的搾取が行われた事案に対処するために制定された法だ。したがって、「権力は存在していたものの行使されなかった」という判決は、業務上の威力を利用した姦淫罪の目的そのものに反すると言える。上下関係の中で相手方の同意なく性的関係を提案し実行したこと自体が、威力による姦淫の成立条件となるからだ。

陣営論のロジック――問題提起を妨害する最も効果的な方法

「＃ＭｅＴｏｏ」は、韓国社会を支配する男性中心的性文化を根こそぎ揺るがし、日常の革命を促進させる急進的な運動である。戸主制廃止運動以降、これほど広範囲で、あらゆる世代の女性が等しく支持を表明した運動はなかった。ソウル、大邱（テグ）、釜山（プサン）、大田（テジョン）、光州（クァンジュ）、済州（チェジュ）など、全国各地で「＃ＭｅＴｏｏ」をテーマにした集会や討論会、講演会が開催された。

徐志賢(ソ・ジヒョン)検事の＃ＭｅＴｏｏ以降、文化芸術界全般、特に演劇界を中心に＃ＭｅＴｏｏが相次いだ。しかし、

それから数週間がたつと、当事者双方に非があるのではないかという意見が目立ち始め、その間に加害者に同情する世論も出始めた。キム・ジウンの＃ＭｅＴｏｏ以降、各種集会の場で事件に関する論争がたびたび発生しているという話を耳にするようになった。気軽に参加できる交流会と同じで、ゆるやかな信頼関係で結ばれた公的な場で、わざわざ争いの火種を大きくしたいと思う人はいない。だから、「……らしいよ」という根拠のないうわさ話も否定されることはなく、一つの情報や軽佻浮薄(けいちょうふはく)なゴシップとなって拡散した。噂の出どころを確認したり、被害者を非難するような議論に抵抗する人もいたが、そんな人は少数にすぎなかったし、そのような反論自体が不和や論争として取り上げられることがしばしばあった。世論はこのような有様だったし、それだけでなく、メディアまでが「真実のせめぎあい」といった言葉を使って事件について報道をしたので、人々は考えることをやめてしまった。偏向報道、情報汚染といった言葉が頭をよぎると、人は念入りに情報の質を問いただすより、議論そのものから手を引いてしまう。どんな形であっても、安熙正(アン・フィジョン)にとって有利な展開だった。

いわゆる進歩派の影響力ある政治評論家は、「陣営論」を公私問わず拡散して安熙正を擁護した。陣営論は、彼らにとってかなり有効な手段だった。実際にコメントの操作とフェイクニュースの効果はすぐに表れた。

３月５日に安熙正に対する＃ＭｅＴｏｏがあり、その２日後には鄭鳳柱(チョン・ボンジュ)元議員に対する＃ＭｅＴｏｏが噴

出した。鄭鳳柱は金於俊（キム・オジュン）、チュ・ジヌらとともに「私はコムス［みみっちい、せこいの意］である」というポッドキャストの番組を持っていて、「李明博（イ・ミョンバク）の狙撃手」というニックネームらしく、ＢＢＫ疑惑［韓国のＢＢＫ社による株価操作事件。李明博の関与が疑われた］を提起し、虚偽事実の流布（るふ）による名誉棄損罪で懲役１年の実刑判決を受け、２０１７年12月文在寅（ムン・ジェイン）大統領によって復権した。政治家の中で復権したのは唯一鄭鳳柱しかいなかったため、この復帰劇は「ワンポイント復権」と呼ばれた。それほど彼は「重要な」人物だったわけだ。李明博・朴槿恵（パク・クネ）政府の実情と不正に執拗に切り込んだので、現職の議員ではないものの、影響力は相当大きかった。その分、鄭鳳柱に対する＃ＭｅＴｏｏの余波も大きかった。メディアによって報じられた事件の顚末は次のとおりだ。

２０１８年3月7日、プレシアンは、２０１１年に鄭鳳柱からわいせつ行為を受けたという被害者Ａの主張を報じた。以下は、Ａが主張した事件の状況だ。Ａは一緒に入社試験の準備をしていた友人の紹介で、鄭鳳柱の支持者の集会に参加した。集会が終わって鄭鳳柱から個人的に連絡が来たので、彼は支持者と気さくにコミュニケーションをとる人なのだと感じたという。Ａは政治家である鄭鳳柱を支持する気持ちで、その後もオフライン集会に参加していた。鄭鳳柱はＡが記者志望であり、マスコミの入社試験の準備をしていることを知ると、自分も月刊誌『マル』の記者の出で言論界に知人がたくさんいるので手助けしてあげようと言った。さらに整形手術を勧めるなど、Ａが望まない方法でアプローチをしてくるので、Ａは集会から足が遠のいていった。しかし２０１１年12月、Ａは鄭鳳柱が選挙法違反によって不当な実刑判決を受けたという記事に接した。そこでAは、鄭鳳柱（チョン・ボンジュ）に応援メッセージを送った。すると、今すぐに会いたいと返事が来た。Aは収監を目前に控えた人の願いを拒否することはできないと思い、約束の場所であるレキシントンホテルのコーヒーショップに向かった。鄭鳳柱はAを見るなり、もう一度整形手術について言及し、「卒業のお祝いに整形手術をプレゼントしようと思っていたのに」と言った。店を出ようとした際、鄭鳳柱はAに近づいてハグをし、キスをしようとした。Aは鄭鳳柱を振り払ってなんとか店を出た。すでにあたりは暗くなりはじめていた。

Aは事件直後、周囲の友人にこのことを話して、交際相手にも事件の状況についてメールを送っていた。7年前に送信されたそのメールを、Aはプレシアンの記者に証拠として提示した。告発を決意したのは、鄭鳳柱が政治時事評論家として活動したりテレビに出ることは許せても、ソウル市長のような公職に就くのは不適切だと思ったからだと語った。

プレシアンで事件が報道されると、鄭鳳柱は被害者Aの陳述を全面否認した。記事に書かれたようなことはなかった、ホテルのコーヒーショップには行ったこともないし、そこでAと会ったこともないと答えた。特に、事件が起こったと推定される2011年12月23日13～17時に撮った写真が780枚もあるといって、完璧なアリバイを主張した。被害者側は、未来の#MeTooに備えて7年前から知人にメールを送ることなどありえないし、本件以外にも、鄭鳳柱が若い女性支持者に個人的に連絡をしたり、就職・卒業時にプレゼントをあげたり、整形手術をプレゼントすると発言するなど、常習的に権力型のセクシュアルハラスメントを行ってきたと反論した。

鄭鳳柱はこれらの疑惑について一切回答せず、アリバイがあるという言葉だけを何度も繰り返した。彼は世間の関心を事件の日時に集中させ、マスコミを告発した。今考えてみてもかなり「天才的な」マスコミ利用術だ。プレシアンの記者が鄭鳳柱側に送ったカカオトークの内容を公開し、「若い女性記者」に対する嫌悪を煽り、このような策略にまんまと乗せられた他のメディアに檄を飛ばして、「プレシアンのように被害者側に立つ」マスコミ6社を告訴した。最終的にプレシアン以外のマスコミに対する告訴は取り下げて、事件を「プレシアン対鄭鳳柱」という構図に変えていった。こうしてプレシアンだけがフォーカスされるようになると、他のマスコミはこの事件に対して関心を寄せなくなり、記事として取り上げるのを嫌がるようになった。取り下げられたとはいえ告訴のダメージは大きく、鄭鳳柱の支持者が団結していることもあって、事件に関する記事を掲載することは困難になった。被害者を擁護し鄭鳳柱を批判する記事を書いたチン・ジュングォンも、結局掲載先を見つけられなかったそうだ(オーマイニュースでも正式の記事としては採択されなかった)。筆者もこの事件に関する記事を書きたかったが、普段記事を依頼してくれていたすべてのメディアから掲載は困難との返事が来た。私たち以外にも記事の掲載がかなわなかった執筆者がたくさんいたようだ。

被害者に対する応答を徹底的に無視し、メディア報道をコントロールする鄭鳳柱の戦略は、想像以上に効果的だった。「顔と実名を明らかにしない#MeTooは真の#MeTooではない」という批判の枠組みを作ることにも成功した。しかし、鄭鳳柱のアリバイを覆す証拠が発見された。彼は事件発生時刻に撮影した780枚の写真を自信満々にアリバイにしていたが、12月23日18時43分にレキシントンホテルのコーヒーショップで決済されたカード履歴が証拠として提出されたのだ。これがなければ、誰も被害者の陳述を信じないまま、事件は鄭鳳柱の完全勝利で終了していたはずだ。鄭鳳柱はカード決済の事実が確認されると、告訴を取り下げ、政界からの引退を宣言した。それでも彼はホテルに行った記憶はないと最後まで主張し、被害者に対して謝罪もしなかった。2018年10月には、「#MeToo専門家」を自称し、保守が多数を占めるユーチューブを制覇してみせると言って、ユーチューブチャンネルに復帰した。[10] 鄭鳳柱はこの事件を最後まで「プレシアン対鄭鳳柱」の構図として捉え、プレシアンの報道は全部が虚偽であり、一連の騒動は自分を選挙で落選させるために国民を巻き込んで行われた詐欺劇だったと主張した。780枚の写真をアリバイとし、「事実」を全面的に主張した鄭鳳柱は、結局「事実」に足元をすくわれた。彼とその友人は、被害者の証言と関連事実を報じたマスコミを嘘つきに仕立て上げようとした。しかし、実際に嘘をついていたのは彼らのほうだった。ソウル中央地検公安2部は、2018年11月29日、鄭鳳柱を虚偽事実公表、名誉棄損および虚偽告訴の嫌疑で起訴した。[11] 本件は幸いにも事件を報じたマスコミの勝利で終わった。しかし今も、多くの人が事件の概要についてはよく知らず、鄭鳳柱は今も自分のわいせつ行為を認めていない。「工作」の視点で仕立てあげた陣営論の枠組みは、いったい誰を利することになったのか。本件は、そのことを再確認できる出来事だったと言える。

「女性問題」という枠組み

一審で妻を証言台に呼んだ安熙正(アン・フィジョン)とこれを許した裁判所の共助は、安熙正裁判の決定的場面だった。安熙正事件は２０１８年の＃ＭｅＴｏｏ運動において最も衝撃的な事件の一つであり、今後は被害者への非難が組織的に行われた最たる事件としても記録されることになるだろう。事件の衝撃が去らないうちに、安熙正側は「問題は不倫であって暴力ではない」と主張しようとしていた。２０１８年2月には、金融街を中心に「○○〔不特定多数の名前〕＃ＭｅＴｏｏではなく不倫」というチラシ(12)が出回り話題となった。これは安熙正事件だけを指したものではなかったが、のちに＃ＭｅＴｏｏと不倫は通称「女性問題」と呼ばれるようになった。慶尚南道(キョンサンナムド)道議員・山清(サンチョン)郡選挙区の「共に民主党」チェ・ホリム候補者は、２０１８年の地方選挙において、選挙用の垂れ幕にこんなフレーズを記載した。「僕は女性問題とは無縁です^^」(13)。

女性問題という枠組みは三つのレベルで作用した。一つ目に進歩派エリート男性が共有する男性文化を表面化させたこと、二つ目に女性を分裂させたこと、三つ目に異性愛男性の権力を作用させるための土台を再生産したことだ。

いわゆる進歩派エリート男性が最も激しく「抵抗」するのは、自分の支持者やファン、弟子、学生が＃ＭｅＴｏｏをするときだ。かつて自分に好意を抱き、支持を表明して従っていた者が、先生や上司、社長に対して#MeTooを提起したとき、これを性暴力の問題や男性既得権の問題として理解できる者はほとんどいない。進歩派男性政治家は（保守派と同様に）#MeTooを「女性問題」と理解しており、「大物が下半身の管理に失敗した」程度の問題と認識している。それだけでなく、このような事態を「昔かなわなかった恋に対する復讐」程度に考え、少々不適切な女性問題、またはスキャンダルと捉えている進歩派エリート男性は多い。特に386世代［韓国において、1990年代に30代で、1980年代の民主化運動に関わり、1960年代に生まれた世代を指す用語］の男性政治家は、自分が堅苦しい人間ではないこと、大衆的で女性のことが好きな普通の男性であることをアピールしたがる。そのために女性の胸の生物学的完成度について論じたり、アダルトビデオのフォルダをひそかに暴露しあったりする。このように進歩派男性は、男性同士の連帯を確認する過程で、性的対象として女性を他者化する。事例を一つひとつ取り上げるのが無意味なほど頻繁に起こることだ。こうして多少軽薄なくらいが「クールで新しい進歩の姿」として消費されたことで、彼らは脱権威的イメージを獲得できた。ここで問題なのは、広範囲な文化として強かんを実践した人が「男にはそんなこともある」といって「励まされ」、「女性を媒介とした男性連帯」が露骨に認定され、新たな男性文化のヘゲモニーが構築されたことだ(14)。

彼らはセクシュアリティそのものが権力装置の一部として機能することを知らないばかりか、我々世代の性的主体化様式そのものが問い直されるべきであることをまったく理解していない。そして、セクシュアリティを自由や快楽と同一視し、これを思いきり享受する権利を主張している。享受できること自体が非常に特権的であるという事実に無知であったり、事実そのものを否認したりしている。

#MeTooを女性問題という枠組みで見ていたのは男性だけではなかった。事件を傍聴し、事件に関する講義や執筆を行う中で私をずっと混乱させていたのは、386世代の一部の女性の態度だった。平凡なサラリーマン女性は、一審判決はあまりにも不当だと言って憤慨していた。その一方で、運動内部またはその周辺で韓国社会の諸問題に関心を持つ献身的な地域活動家、人権活動家として活動している女性のほうがむしろ、この問題についての判断を迷っていた。彼女たちは、他のあらゆる問題においては弱者に感情移入するのがとても上手で、社会的正義感にあふれている。しかし唯一、性暴力の問題についてだけは「距離を置いている」。なぜだろう。ロビン・ワーショウによれば、女性たちが「知り合いに強かんされた」被害者を「知らない人に強かんされた」被害者よりも非難するのは、そうすれば自分が安全だと感じられるからだという。「多くの女性は、被害経験者のメッセージの意味を否定したがる。メッセージをそのまま受け入れることは、欠点のない男性、つまり自分とも知り合いになる可能性があり、好きになる可能性のある男性が性的に暴力的だという事実を受け入れることになるからだ。そうすると、自らも潜在的な危険にさらされていることを認めざるをえなくなる」のだ。[15] 金於俊（キム・オジュン）は、「被害者に準備」をさせて「工作」を行うことによって進歩派全体が分裂するだろうと言った。しかしこの予言は間違っていた。進歩派全体が分裂したのではなく、進歩派の中の「女性たち」が分裂したのだ。安熙正（アン・フィジョン）は市民運動とかなり距離の近い政治家で、性の平等と多様性について、他のどんな政治家より先進的な意見を表明してきた。

私のまわりの多くのフェミニストも政治家安熙正(アン・フィジョン)に期待を抱いていた。そのためだろうか。いろいろな場所で、女性同士が立場の違いを表明しながら激しく争う事態になった。

詩人高銀(コ・ウン)の数十年間におよぶセクシュアルハラスメントを告発した詩人崔泳美(チェ・ヨンミ)と事実を報道した新聞社に対する名誉棄損訴訟があったとき、いわゆる人権派弁護士として活躍してきたある進歩派男性弁護士は、崔泳美ではなく高銀の側に立ち、10億ウォンレベルの損害賠償訴訟で弁護を担当した。男性は分裂しなかったのだ。もちろん、一貫して#MeTooを支持していた進歩派男性も少数ながら存在していた。しかし彼らはそもそも#MeTooの前から男性文化の「中」におらず、#MeToo以前から一線を引いていた人たちだったという点で、#MeTooが男性の分裂をもたらしたとみなすことはできない。もう一度強調するが、#MeTooで分裂したのは女性、なかでも男性中心文化に適応しつつ、自分もその文化の一部となった386世代の進歩派女性だった。彼女たちの中にはフェミニストを自称する人もかなり存在していたし、「フェミニストとして、成人女性であれば、自分の行動に責任を持つべきだ」と興奮しながら言う人もいた。責任ある行動とは、職場をやめることだろうか、あるいはすぐに被害を通報することだろうか。おそらく違うだろう。このような発言をするのは、そもそも安熙正事件を性暴力事件として認めておらず、キム・ジウンを被害者とみなしていないからだ。

彼女たちは「なぜ今になって自分を被害者と言うのか」と繰り返し言っている。彼女たちはこれまで対等な同志として男性と関係を構築してきたと考えており、被害者や弱者としての女性であることを主張するのは時代錯誤、遅れていると考える傾向がある。私はこれを一種の被害者嫌悪、弱者嫌悪の感情と考えている。現代の進歩派「エリート」たちは、自分は弱者や被害者ではなく、先頭に立って「民衆」を指導していると考えている。だから彼女たちは、安熙正に性暴力を「受けた」被害者女性よりも、むしろ安熙正を「守ろうと」した妻と自分を同一視するのではないだろうか。

「女性問題」という枠組みの中にあるもう一つの問題は、この枠組みが異性愛男性の性的欲望を正常で自然なものとして承認し、女性の性的欲望の存在をないものにしたことだ。性的欲望は男性の世界では自然なものとされ「問い」の対象にはならない。その一方で女性の世界におけるセクシュアリティは、欲望の主体ではなく対象としての意味だけを持っている。一審裁判所は、安熙正事件の被害者キム・ジウンに対し、「貞操を許してしまうほど恐怖を感じていたのに（なぜ業務に関する）質問ができたのか」と聞いた。女性のセクシュアリティを同意の有無ではなく許容の問題として捉えているのだ。それに貞操を許すとはいったいどういうことだろう。こんな言葉はそもそも成立しないはずだ。辞書における貞操とは、結婚後に配偶者以外の人と性的関係を結ばないという意味だ。そうだとすると、貞操を問うべき対象は安熙正のはずだ。裁判所は安熙正に問うべきだった。なぜ結婚しているのに貞操を守らなかったのか、なぜ直接権利を行使できる任免権者という立場にあって、何度も姦淫を行おうとしたのか、それが被害者の労働環境に深刻な害悪をもたらし、被害者の性的自己決定権を侵害する行為だとわからなかったのか、フェミニスト、人権擁護者を自称してきたにもかかわらず、どうしてこうも権力に対する理解がないのか、この世のすべての女性は自分とセックスしたがっているとでも思っているのか……。しかし一審裁判所は、安熙正（アン・フィジョン）ではなくキム・ジウンに問うた。あなたのように高学歴で頭のよい女性が、なぜ性的自己決定権を行使しなかったのかと。しかし、キム・ジウンは一貫して陳述していた。4回におよぶ行為の中で明示的な同意をしたことは一度もなかったし、拒否を表明したが無視されたと。これが性的自己決定権の行使でなくて何なのだろう。

おわりに

2018年夏、安熙正裁判とちょうど同時期に李潤澤（イ・ユンテク）裁判が進行していた。ソウル中央地方裁判所で開かれた裁判を傍聴していた人たちと話をしていて、驚くべき共通点を一つ知ることになった。咳。安熙正も李潤澤も咳をしていた。そして彼らが咳をする音が聞こえるたびに、被害者は緊張して肩をすくめていた。安熙正の被害者も李潤澤の被害者も、裁判が終わったのち数日間寝込んでしまったのだが、被害者たちは「あの咳の音が耳から離れない」と言っていた。もう一つ特記すべき点は、加害者たちは不思議なことに、被害者が証言するときにだけ咳をしていたということだ。咳一つで相手を黙らせることができる、権力の体現（embodiment）を無意識に理解していたからだろうか。

　裁判を傍聴しながら、私は加害者と彼らの支持者の思考を細部までのぞくことができた。加害者の証言を通して知りえた事実は、おおまかに整理すると次のとおりだ。相手は自分を好きだった、相手は自分を尊敬していた、自分は相手のキャリアに影響を与えられる人事権者でありその場の最高権力者だった、自分が身体の欲求に従って自由に振る舞えないことは社会的・公的な問題だ。加害者はこのような思考のもと、自らの身体を社会全体に拡張して、他人を道具化することに慣れきっている。私は、こういった類の人間について、そして彼らが人間性自体を、私たちは人間として平等であるという民主主義全体を、どう汚染させているのかがはよくわかった。

ハンナ・アーレントは、悪の陳腐さについて言及しながら、「悪には深みがない」と言っている。[16] 私は安熙正が一審裁判の最後の陳述で見せた態度について、今もじっくり思い出している。口達者が突然しどろもどろになったかと思うと、純真そうな表情で「国民の皆さんに謝罪」した。あの態度はいったい何だったのだろう。安熙正は、自分に罪があるとすればそれは「女性問題」でしかない、男性であれば誰もが私を理解してくれるだろうという表情をしていた。一審裁判で無罪判決が言い渡され、安熙正が法廷の外に出ると、これまで法廷で見かけたことのなかった支持者たちが突然何十名も現れて彼を取り囲み、あなたを支持しますと連呼した。そのときの安熙正の異様な無表情を、私は今でも忘れることができない。

〔注〕

（1）本文は安熙正性暴力事件公判傍聴記の第2版である。第1版は『黄海文化』101号（セオル文化財団、20

18年）で発表された。裁判に関する事実関係については、報道記事や傍聴の過程で知りえた事実に基づいている。裁判の過程で両者が合意した事実以外に、事実関係そのものが争点になった事案については、両者の意見を掲載したり、別の意見も存在する、と表記するようにした。また、安熙正性暴力事件共同対策委員会（共対委）や弁護団が認識している事実と相違があるか確認を要請し、監修、諮問を受けている。これらの過程において、韓国性暴力相談所キム・ヘジョン副所長のサポートが特に大きかったことを記しておきたい。

（2）「金於俊のダース・ベイダー」12回（39分50秒〜41分51秒）、2018年2月24日付。

（3）性暴力被害の生存者が公開の場において、集団で被害経験を証言した事件は#MeToo以前にもあった。代表的なものとして、1986年6月6日に発生した富川警察署における性的拷問事件の被害者クォン・インスクの証言と、1991年8月14日、故金学順さんの日本軍性奴隷被害証言がある。集団的スピーチの形式として、2003年から韓国性暴力相談所で性暴力サバイバーのスピーチ大会が10回以上開催されている。

金於俊の番組が放送される直前、#MeToo運動は次のように展開された。2018年1月29日、徐志賢検事が安兌根元次席検事から受けた強制わいせつの事実を検察内部の通信網「イプロス」で暴露した。2月6日、JTBCニュースルームに詩人崔泳美が出演し、詩人高銀の常習的なセクシュアルハラスメント、強制わいせつを告発した「怪物」という詩に込めた心境について語った。2月11日、SNSで演劇俳優イ・ミョンヘンによる過去の強制わいせつ事実が暴露されると、イ・ミョンヘンは公式謝罪文を掲載し、出演中の演劇から降板した。2月20日には清州大学の教授であり有名俳優でもあるチョ・ミンギのセクシュアルハラスメント、強制わいせつについての暴露が同時多発的に起こった。2月14日、劇団ミインの代表キム・スフィが演出家李潤澤による性暴力の事実を暴露すると、その後2週間、ほぼ毎日、他の被害者からも李潤澤に対する暴露が続いた。2月28日、被害者16名が李潤澤を正式に告訴した。

（4）「非主流から主流に浮上した『ニュース工場長』」『時事ジャーナル』1514号、2018年10月24日付(http://www.sisajournal.com/journal/article/178186)。

（5）「キム・ジウンを狙った『悪質コメント』安熙正側近ら23名が検察送致」聯合ニュース、2018年10月27日付。
（6）ソウル西部地方検察庁女性児童犯罪調査部は証拠隠滅の懸念等を理由に再度拘束令状を請求したものの、これは棄却された（「安熙正、4日に令状審査――検察、拘束令状再請求」聯合ニュース、2018年4月2日付）。当時、拘束令状を棄却したパク・スンへ判事は、「嫌疑を争う余地があり、被疑者に逃走の懸念があったり、防御権行使の範囲を越えて証拠を隠滅しているという点に対する疎明が不足している」という理由で拘束令状を棄却した（「安熙正、拘束令状再棄却――『犯罪の嫌疑について争う余地がある』」聯合ニュースTV、2018年4月5日）。
（7）2019年1月9日、二審の結審の日も、安熙正が自ら陳述した内容は、一審のときとほぼ同じだった。「どうすれば地位で他者の人権を奪うことができるでしょう?」と、言い方が少し変わっただけだった。
（8）私は2000年代の初頭に被害者Sと会い、Sをサポートしていた。その後連絡が途絶えてしまったのだが、安熙正事件以降Sから再度連絡をもらった。本書で自身の被害事例を掲載することを許可してくれたSに感謝する。
（9）次の特集記事を参照のこと。「安熙正贔屓(びいき)の裁判に対する議論――非専門性と偏頗性、被告人に対する検証の不在」、「安熙正裁判過程の問題――証拠より推定」『ハンギョレ21』1226号、2018年8月27日付。
（10）「政界を引退した鄭鳳柱(チョン・ボンジュ)、『保守が制覇しているユーチューブを私が占領する』」『中央日報』2018年10月28日付。
（11）「#MeToo鄭鳳柱、名誉棄損・虚偽申告罪の嫌疑で起訴」『ハンギョレ』2018年11月29日付。
（12）2018年2月20日から3月10日の間に発行された有料チラシのほとんどが、#MeToo予想名簿を掲載していた。
（13）「『誰のものが奇抜か』インパクトある地方選挙の垂れ幕競争」『ハンギョレ』、2018年6月7日付。
（14）女性を媒介にした男性連帯の象徴的なシーンの一つは、2018年9月、アメリカのブレット・カバノー連邦最高裁判所陪席判事の人事聴聞会で明かされた「レナーテ（Renate）の卒業生」というタイトルの男子学生スポーツクラブの写真だった。レナーテは当時人気のあった実在の女子学生の名前で、男子学生らは自らをレナーテの卒業生と呼び、レナーテを媒介にした男性間の厚い友情を誇示した。

（15）ロビン・ワーショウ『それはデートでもトキメキでもセックスでもない――「ないこと」にされてきた「顔見知りによる強姦」の実体』山本真麻訳、イースト・プレス、2020年。

（16）ハンナ・アーレント『エルサレムのアイヒマン――悪の陳腐さについての報告（新版）』大久保和郎訳、みすず書房、2017年。

女性に対する暴力と
#MeToo運動

鄭喜鎮
Jeong HeeJin

女性に対する暴力は、権力関係の副産物ではなく、性別ヒエラルキーの構造的土台として、男性支配の重要な原動力である。つまり、男性の暴力はそれ自体が独立的権力の一つの形態なのである。(1)

父の道具、そして「ささやき」

申師任堂(シンサイムダン)〔李氏朝鮮時代の書画家。朝鮮半島で良妻賢母の鑑(かがみ)とされる人物〕のように女性の名前に「家」を意味する「堂」という字を使うのは、家父長制文化を象徴している。女性は男性が住み所有する家という意味だ。英語でも、女性器を意味する「ヴァギナ(vagina)」の語源は「鞘(さや)」だ。鞘に収まる刀が何なのかについてはおわかりのことだろう。韓国語の「膣」という言葉にも「室」という文字が入っている。初代商工部長官であり中央大学の設立者でもある任永信(イム・ヨンシン)は李承晩(イ・スンマン)に片思いをしていたというが、彼女の号はあからさまで、承堂といった。

古くから続く家父長制文化において、女性は独立した主体ではなく、男性の空間、所有物として考えられてきた。現代においても、男性が自分の家に放火することは重罪とみなされるが、妻を殴って殺害することは偶発的行為(「過失致死」)と考えられている。女性は家よりも価値がない存在ということだ。家父長制社会において女性の体は空間に喩えられ、実際に空間として使用される。このとき、男性が女性の体に「触れ、壊し、侵入する」行為は、社会が認めた性役割規範(男性の権利)とみなされる。

２０１８年の春から続いている韓国社会の＃ＭｅＴｏｏ運動が注目に値する現象であることは間違いない。数千年もの間、女性に対する暴力（violence against woman）[2]は人類の遺産だった。被害者がこれまで言葉を発することができなかったのはいったいなぜか。進歩派の動きを中心に見ると、１９８７年の「民主化運動」の際にも、最近の「ろうそく革命」の際にも、＃ＭｅＴｏｏはあった。しかし、「些細なことで大義を損なう」「あとで解決しよう」という意見が大多数を占めていた。さらには被害者や被害者と連帯する女性は「安企部［現在の国家情報院の前身］の分派」と非難された。盧武鉉（ノ・ムヒョン）政権時代に過去の歴史に対する真相究明が行われ、その過程で5・18光州民主化運動の際の戒厳軍による性暴力が非公式に報告された。この報告書が公開されていなかった事実が最近の＃ＭｅＴｏｏの影響で明らかになり、国防部長官の謝罪につながるという出来事もあった。

「父（master）の道具を使って父の家を壊すことはできない」。オードリー・ロードのこの言葉は、新たな人生を生きたいと願うすべての人間が置かれた状況を表していると言える。禁じられた言葉、聞き取れない言葉、自分を抑圧する言葉の中で、これらをどう破壊し、新たな言語で語るか。自分の言葉を持たない社会的弱者にとって、これは生存のための根源的な問題だ。自分を敵対視している世界の中では、日常的に「どう語るか、どう生きるか」について頭を悩ませることになる。女性の発言には必ず緊張と交渉が伴う。また、多くの場合、あらゆる知識を総動員する必要がある。つまり女性の発言そのものが感情労働なのだ。

言語がジェンダーまたは権力の産物であるという考え方は、決して新しいものではない。ディアスポラ［パレスチナ以外の地に住む離散ユダヤ人のこと。在日朝鮮人・在米韓国人など、世界中に離散した朝鮮・韓国人を指してコリアン・ディアスポラと言う］知識人である車学慶（チャ・ハッキョン）の『ディクテ』(3)や政治哲学者李静和（イ・ジョンファ）の『つぶやきの政治思想――求められるまなざし・かなしみへの、そして秘められたものへの』(4)ですでに提唱されてきたものだ。私自身も、既存言語の秩序そのものを問うような文章に挑戦したいと思っている。おそらく全身を怒りが駆け巡るはずだ。しかし、実際に言葉を発することができなかった数々の経験、言葉を発したらさらなる苦痛にさらされるだろうという絶望、男女を問わず加害者が奪った私の「善意」や時間や労働など、言葉にできない経験が体中に蓄積されているので、私はこれまで直接／間接的に経験したすべての不条理を「書き切りたい」と思ったし、そのような空想に浸りながらしばし興奮した。

実際のところ、＃ＭｅＴｏｏはジェンダー秩序の素粒子にすぎない。女性に対する暴力は家父長制社会の基本秩序だ。女性の体を男性がコントロールしなければ、女性の労働を男性と国家が搾取しなければ、社会はまともに機能しない。女性に対する暴力は家父長制秩序の縮図と言えるが、この構造を解剖しなければ――すでにそうなっているように――＃ＭｅＴｏｏは一時的なスキャンダルや、単に加害者個人の人間性を疑って終わりの残忍で異例なニュースとみなされるだけだ。女性に対する暴力は、「残酷なほど正常(5)」な行為であるにもかかわらず、社会はこれを非正常な人間の逸脱とみなしている。そうするしかないのだ。男性社会の正常性を維持するためには、女性の精神状態が「異常」でなければならない。女性は自分が経験したことや耳にしたことの間で板挟みになって分裂しながら、「自分の男」に対する信頼を失うことは許されない。しかし、デートDVや家庭内暴力（妻に対する暴力）が証明しているように、自分を守ってくれるはずの男が一番危険であることが多い。「まともそうな」男性も暴力をふるう。そのため、私を含むあらゆる女性は、人生の多くの時間を男性文化の罠の中で、怒り、自分を責めながら過ごしている。#ＭｅＴｏｏは女性が自分の時間を取り戻すための闘争過程でもある。

#ＭｅＴｏｏは私たちの人生の一部に「すぎない」。それと同時に、人々が直面する「暴露」の裏側では、多くの人が息を殺しながらささやく声が聞こえてくる。近頃、スターリン時代の秘め事であったオーランドー・ファイジズのオーラル・ヒストリー『囁きと密告――スターリン時代の家族の歴史』をしばしば想起している。私は「#ＭｅＴｏｏ」に参加することができなかった。それだけでなく、私の個人的な「#ＭｅＴｏｏ」についても書くことができなかった。私は#ＭｅＴｏｏ運動を切実に支持している。その一方で、#ＭｅＴｏｏを支持することがどれだけ困難なことかも理解している。#ＭｅＴｏｏ運動が「泥にまみれた」闘いであり、私の経験が認められる可能性がほとんどないことを理解している。だから我慢するのだ。

#ＭｅＴｏｏは正当だ。しかし、#ＭｅＴｏｏに対する是非の判断が完全に透明だとは言い切れない。むしろ、透明なほうがおかしいとさえ言える。なぜなら、加害者も被害者も、この社会の規範と完全に無関係ではいられないからだ。そこで私たちができるのは交渉だけだ。被害女性がすべての事実を一つ残らず語ることはできない。かつて、個人の欲望を民族の大義で覆い隠そうとする人が存在したが（かつてとい

うより、今も存在している)、まるで彼らのように、#MeTooという大義だけをアピールして、他の不正義を生産する女性やフェミニストも多い。「大義」と「今すぐ解決すべき至急の問題」をアピールする文化がもう一つの「#MeToo」を生むわけだ。私は彼らの名前と彼らの行為について、一つ残らず書き記したいと思っている。彼らの中には、男女を問わず、#MeToo運動を自分のキャリアにしようとした者もいれば、被害者が疲れ切って語ることを諦めたため、「運のいい」加害者となった者や、フェミニズムや社会運動を「過度」に私的な目的で利用した者もいる。一言で言えば、図々しさこそが強さであり、世の中は図々しさで勝利した者が支配しているのだ。特に驚くようなことではない。

「父の道具」で書き記す本稿は、このとおり言い訳だらけだ。苦痛と暴力を明らかにし、そこから学ぶためには、まずは苦痛や暴力と向き合う必要がある。しかしこれは簡単なことではない。苦痛や暴力に向き合えたとしても、次は別の暴力と闘わなければならない。私はかつて、妻に対する暴力と人権の性別化をテーマに修士論文を書いた。のちにその論文は単行本として出版されたのだが、17年たった今でも「おおげさ」と言われることがある。論文に書かれていたのは、執筆当時5年にわたって交流していた被害女性の経験のうち、最も「軽微な事例」であったにもかかわらずだ。私は、女性に対する暴力について学んでいるものの、暴力の「根絶」のために闘っているというより、その現実について語ることができないというもう一つの現実と闘ってきた。

私は、父の道具を使って父の家を壊すことはできないが、だからといって今、他の道具を持っているわけでもない。本稿は、客観的な文章でも、「フェミニズム的」な文章でもない。もし本稿に何かしらの効力があるとすれば、それは女性が自分の（被害）経験について語る行為が、家父長制の中でどんな代償を支払うものなのかを示すことだろう。そしてそうすることによって、女性ではなく、私たちの社会に対する熟考を促すことだろう。韓国社会は女性の現実と直面する必要があるし、女性は韓国社会と直面する必要がある。

ここに、「韓国人女性の地位が向上した」という主張について、陳腐な方法ではあるが、次のシンプルな統計を紹介したいと思う。２０１８年２月、雇用労働部が明らかにしたところによると、韓国人男性の家事分担時間は１日45分にすぎなかった。これは経済協力開発機構（ＯＥＣＤ）加盟国のうち最下位レベルだ。統計がとれた国のうち、韓国人男性の家事分担時間だけが唯一１時間に満たなかった。韓国人男性の１日の平均家事労働時間45分は、男性の家事参加が最も活発とされたデンマーク（１８６分）の４分の１にしかならなかった。一方、韓国人女性の家事労働時間は、男性の５倍以上の２２７分だった。[6]また、男性労働者の賃金を１００万ウォンと仮定すると、女性の賃金は63万ウォンという結果が出た。男女間の賃金格差はＯＥＣＤ加盟国のうちで最も大きかった。女性労働者のうち10人に４人が低賃金にあえいでいることもわかった。[7]

犯罪通報が革命である社会

「#MeToo革命」。最近の韓国社会で起こっている#MeToo運動について、「革命」という言葉以上に的確な命名はないはずだ。すべての革命は未完であるという意味で、あらゆる場所に反動勢力が潜んでいるという意味で、社会の構成員に衝撃を与え時代の変化を感じさせたという意味で、混乱の渦中ではいつも商人と「密偵」が活躍しているという意味で、#MeTooは革命だと言える。前もって準備された革命はない。言葉もなければ、制度も追いついていない。他に手段もない。失敗がつきものだから、何度も繰り返される。そういう意味でも、#MeTooはれっきとした革命だ。

常識的に考えて、法治国家における#MeTooは非常識な運動だ。性暴力(rape)/性的いやがらせ/性的虐待/セクシュアルハラスメント(sexual harassment)は、すべて法に明示された明白な不法行為だからだ。繰り返し言うが、#MeTooは犯罪通報「キャンペーン」にすぎないのだ。窃盗や詐欺の被害に遭ったら(面倒で通報しないケースも多いものの)警察に通報するのが常識であるし、市民には通報の義務もある。しかし、女性が韓国社会でセクシュアリティに関連する被害事実を語るためには、人生をかけたり、キャリアや評判を捨てる覚悟をしなければならない。韓国では性被害の通報率が低い。通報率だけでなく、起訴率や有罪判決が出る確率も低い。性暴力加害者の80%以上が知人であるという現実も、被害女性の通

報を妨げる障害の一つと言える。(8)

こうした状況の中で、２０１６年の江南（カンナム）駅殺人事件以降、「韓国人男性の横暴」にはもうこれ以上耐えられないと言う女性が増えた。女性の意識の高揚以外にも、さまざまな社会インフラや構造的要因が作用したと言える。しかし最大の原因は、おそらくフェミニズムの大衆化と「呼ばれる」現象だろう。女性の存在を性役割にだけ還元していた過去の社会とは違って、新自由主義文化は女性の生存手段の一つとして女性の個人化を許容した。それぞれが自分自身の生き方を模索するという生存原理において、家父長制は妨害要因になるからだ。新自由主義が家父長制に少しの間勝利したのだ。そしてこのような個人化は、フェミニズム大衆化の物的基盤となった。つまり＃ＭｅＴｏｏは、フェミニズムの大衆化が生んだ結果と言える。

また、ソーシャルメディアの発達によって多くの女性が性別情報格差（digital divide）を「克服」し、一定程度ではあるもののデジタル市民権（digital natives）を享受できるようになった。メディアを通じた「直接民主主義」は、通報したところで何の意味もない司法機関を経由することなく、隠されていた犯罪を即刻可視化することに成功した。

加害者によって左右される争点

女性に対する暴力の全体像からすると、現在の#MeTooは申告内容や形式が典型化している。つまり、現在の#MeTooは、女性に対する暴力のうちごく一部の現象が現れたものにすぎないと言える。言い換えるなら、今の#MeTooは「加害者が有名人で、被害者の数が多く、文学界など特定コミュニティの慣行であり、メディアを通じて被害が暴露され、加害者が被害者と比べて圧倒的な社会的地位や権力を持つケース」と言える。このような状況は#MeTooの大衆化には影響を及ぼしたものの、それと同時に#MeTooの限界や否定的側面を明らかにし、韓国社会が是正すべき争点を明確にした。

#MeTooの限界は、そのほとんどが加害者の地位と関係している。被害者である女性の社会的地位が加害者である男性の地位よりも高い場合、通報や被害事実の暴露はあまり行われない。本来であれば、被害者や加害者の社会的地位に関係なく、どんな犯罪であっても法理に従って取り扱うべきだ。しかし韓国社会ではそうなっておらず、特に性暴力犯罪に関してはさらにひどい状況と言える。まず、性暴力犯罪は、大衆が持つ被害者像やイメージが強固に存在する。被害女性は無気力で純粋で、さらに無知である必要がある。賢く、自分の言葉を持っていてはならない。そして、このような固定観念から逸脱した女性は被害を認められにくい。

一方、加害（容疑）者が政治家や芸能人である場合、「推定無罪の原則」が適用されないという現状もある。男性社会が「魔女狩り」「世論裁判」という言葉で#MeTooに反発するのはこのためだ。だから、今のように事実（fact）確認をしないままメディアを通じて暴露することは、根本的に被害者と加害者の両者にとって望ましくない状況と言える（現在の#MeTooは臨時の手段だ。女性が自警団を組織しないのであれば、男性社会を変化させるための最善策は文化運動や司法体系の改善だ）。このような状況なので、加害者として指名された男性は、女性をただちに名誉棄損で告訴する。そして本来は性暴力被害者であるはずの女性が虚偽申告罪の被疑者にされてしまう。韓国社会で男性の性暴力は個人の犯罪ではなく、倫理的堕落として受けとめられている。だから、加害者として指名された人が有名人である場合、判決が出る前であっても、彼らは指名されたこと自体で名誉が毀損されたと感じ、大きな怒りを抱くことが多い。これは被害者の落ち度ではないが、社会は名誉棄損の原因は被害者が通報をしたことと考える。女性の羞恥心や苦痛よりも、男性の名誉や将来、キャリアのほうが重要視されるからだ。

　加害者として指名された人は、名前があがり、論争に巻き込まれただけでも「私の人生は終わった」と言う。そんなことはない。加害者は（彼らのコミュニティの外で認識されているのとは違って）自分たちのコミュニティの中でずっと活動し続けている。その一方で、被害女性はキャリアが断絶したり、表舞台から去ることになる。加害者は以前と変わらず意気揚々と被害者を逆告訴しているし、「被害者面」をして同情の対象になっている。高銀は自分に対して#MeTooをした女性を名誉棄損で訴え、損害賠償請求を行った。この訴訟は現在も進行している［原書出版当時。その後、一審、二審ともに高銀側が敗訴し、2019年12月に上告を放棄して敗訴が確定した］。金基徳（キム・ギドク）監督は今も活発に映画を撮っている［原書出版当時。監督は2020年に死去している］。加害者として指名されたある俳優は、家族と同僚の声援に力を得て、徐々に復帰の準備をしている。

過去1年の間に韓国社会で勃発した#MeTooは、演劇界、宗教界、スポーツ界、大学など、組織や共同体を中心に慣習化していた問題が爆発したものだった。加害者が帝王として君臨し、被害者が「供給」され続ける構造だった。その実態はにわかには信じがたいもので、強かんされ、妊娠し、堕胎をする被害者が小学生であるケースも少なくない。この問題に関して、どの分野で性暴力が起こりやすいのかについて関心を持つ人が多い。詳しく論じられるべき問題ではあるが、結論から言うと、被害の発生率は隠蔽構造や解決方法によって差が出るだけで、特に性暴力が多く発生する分野があるわけではないし、「クリーン」な分野があるわけでもない。唯一の人口学的特徴は、加害者が男性という事実だけだ。性犯罪が特別多く発生する分野があるということではないのだ。

組織の内部で発生した性暴力によって、女性の健康、職業、未来がどれほど、どんな形で打撃を受けるのか、そしてその後遺症が残りの人生にどのように影響を与えるのか、本稿では特に説明しない。問題は、組織の中で起こる性暴力は、性暴力全体の被害者数で見るとごく一部でしかないということだ。李潤澤（イ・ユンテク）の犯罪は残酷だがほとんどの女性の人生は彼と無関係だ。「一般女性」は、たいていの場合「一般男性」から被害を受けている。その場合、警察に通報したり、あるいは通報を諦めることはあっても、今のような形で#ＭｅＴｏｏはしない。平凡な「一般人」から被害を受けた女性の#ＭｅＴｏｏを、いったい誰が報じるというのだろう。警察署で適切な対応をしてくれるだけでも幸運なほうだ。

#ＭｅＴｏｏが暴露した現実に驚いた人は多かったはずだ。しかし、加害－被害の構造については、そのごく一部が明らかになっただけだ。適切な比喩かどうかわからないものの、２００４年の性売買特別法（性売買防止及び被害者保護等に関する法律、性売買斡旋等行為の処罰に関する法律）施行初期に、この法が自身の幸福追求権を侵害し不幸をもたらすとして、一部の男性が憲法裁判所に訴願を提起したことがあった。実際のところ彼らが不幸になる理由などなかった。法の制定時はもちろんのこと、性売買特別法によって規制できる性売買は、今も性産業全体の１～５％しかない。性売買の多様化や増加スピードは、現場で30～40年活動してきた運動家たちでさえ把握しきれないほどだ。

性暴力は女性にとって非日常ではない日常で、女性であれば誰にでも起こることだ。実際の規模は誰にもわからないし、人類史上それが明らかにされたこともない。性暴力は、頻発しているにもかかわらず隠蔽された犯罪なのだ。そして最大の問題は、加害者と被害者の双方が何が性暴力なのかを正確に理解していないということだ。女性に対する暴力が言葉で表されるようになってから、まだ50年もたっていない。他の分野においても女性の現実に大きな差はない。人権先進国として知られたフランスでも、女性の参政権が認められたのは１９４４年だった。そのことを考えると、特段驚くことでもないと言えるだろう。

男性と女性の「恣意」は同じではない

#MeToo運動に反発する男性は、「#MeTooは女性の恣意的解釈に基づいている。男女の対立構造を引き起こしてはならない」という二点をよく主張しているが、そもそも議論の構造自体が誤っている。なぜなら、普通はどんなストーリーも恣意的、部分的な知識によって再現されるものだからだ。女性の話を恣意的と判断する者の認識も恣意的と言える。「すべてのストーリーは恣意的で、すべてのストーリーは等しい」と言いたいのではない。社会的地位によって恣意の意味が異なることを考慮する積極的な思考が必要なのだ。「甲」の恣意と「乙」の恣意がどうして等しいと言えるだろう。男女の対立構造と言うが、人類史上、男女が対立した（同等であってこそ対立できる）ことはただの一度もなかったではないか。

誰が男性で誰が女性であるかを決める権力が存在している。フェミニズムはその権力の所在を明らかにする社会運動だ。それは、男性と女性が互いのアイデンティティについて争うときに女性の被害を強調するための運動ではない。黒人と白人は対立しているか。富者と貧者は対立しているか。もし対立しているとするなら、そこはユートピアと言えるだろう。抑圧と被抑圧、支配と被支配、搾取と被搾取の構造を「対立」という中立的言語で表現する発想では、女性に対する暴力の問題を理解することはできない。

「男女が対立」しているなら、どれだけよかっただろう。男女が対立する社会がもし存在するなら、そこには「露出狂の女性」がいるはずだし、男性のうち２００万人程度は性を売って生計を立てているだろう。女性から性暴力を受ける男性についてのニュースが常に報じられ、「殴られる夫」は一生、暴力妻の手中から逃れられない。しかし、私たちの現実はそうではない。１９７０年代に西欧のラディカル・フェミニストが定義した家父長制は、女性の体に対する男性のアクセス権、コントロール権を意味していた。また、母性（再生産）、人間の性活動（セクシュアリティ）の二点において、女性の体は男性（家族や国家など、男性の共同体）の所有物であり、これが女性抑圧の本質（主な矛盾）であると主張している。このようなラディカル・フェミニストの理論は還元主義的だと批判されたが、今もなお現実であると言える。

あらゆる組織の中で権力を持つ男性は、女性の体に対して、無制限のアクセス権（強かん、堕胎、ハラスメント、「求愛」……）を行使してきた。現在の韓国社会の#ＭｅＴｏｏは、これらが臨界点を越えたせいで勃発したものと言える。男性は女性の体に対する「距離感」、つまり人権意識が希薄だ。男性の体と女性の体に対する社会的解釈が異なり、相互アクセス権に対する認識自体が極端に異なる状態で、男性はこれまで自分の体を権力化してきた。家父長制社会における男性の体は女性にとっては武器だ。そこでは学力・教養・外見・年齢・階級・理念・地域・人口学的／個人的差異など、ジェンダー以外の要素は作用しない。露出行為がその典型と言える。もちろん、ほとんどの男性は「露出狂」ではないが、彼らは露出狂の存在によって相対的に利益を得ている。韓国社会では政治意識とは関係なく、ただ「品行方正」であるだけで、「紳士的」で「魅力的」な男性とみなされるからだ。

認識論としてのジェンダーの地位

ほとんどの外国語がそうであるように、ジェンダー（gender）という言葉は韓国語で正確に翻訳できない。日本語では元の音(おん)そのままに、長音で処理して「ジェンダー」と表記している。ジェンダーは今も「生物学的性とは区別される社会的性」と表現されるが、このような議論の構図はすでに古くなっている。その区別自体が社会制度の産物とも言えるだろう。ジェンダーは「性別」または「性差別」と翻訳できるが、あらゆる性の区分が性差別を意味するわけではないので、私は「性別制度」と表現している。

1949年に出版されたシモーヌ・ド・ボーヴォワールの『第二の性』からジュディス・バトラーの「アイデンティティではない行為遂行性（performativity）」としてのジェンダーに至るまで、思想家の立場を大ざっぱに要約すると、ジェンダーは次の三つのレベルで作用する。これらはもちろん、相互依存し連動する概念だ。一つ目は、私たちにとっておなじみの、男性らしさ／女性らしさ、男性性／女性性、性別、性別分業、性差別だ。差異が生み出した差別ではなく、権力が生み出した差異としてのジェンダーのことだ。二つ目は、階級や人種とともに社会的分析の範疇（category）となるジェンダー、すなわち社会構成要素（factor）としてのジェンダーだ。フロイトは人間の無意識からジェンダーを出現させたが、ジェンダーについて考慮しなければ、私たちが人間や社会（自然）についてきちんと理解することは不可能なのだ。

なぜなら、私たちは皆ジェンダー化された世界で暮らしているし、家父長制の外の世界などは存在しないからだ。三つ目はメタ・ジェンダーとしての「もう一つの声」、新しい認識論としてのジェンダーだ。ジェンダーに基づきながら、ジェンダーを超越する「代案」について語るものだ。つまりジェンダーとは、「女性問題」ではなく認識論（episteme）なのだ。

　これまで韓国社会を左右してきたジェンダーのことを、私たちは今もきちんと理解できていない。たとえば、1990年代以降、ジェンダーが決め手となった大統領選挙は3回もあった（息子の兵役不正の問題で大統領選挙に二度敗北した李会昌（イ・フェチャン）と、「朴正熙（パク・チョンヒ）の娘」としての朴槿恵（パク・クネ））。それでも、大統領選挙におけるジェンダー役割についての研究を私はいまだに目にしたことがない。ジェンダーという言葉の認識論的地位が低い社会は、社会の構成員が（男性、女性としての）自分の一時的なアイデンティティや立場性を理解していない社会と言える。構成員が自分のことを理解していない社会ほど危険な社会はない。また、このような社会では#MeTooが繰り返されざるをえない。それもまったく進展のない繰り返しが続くのだ。

　性暴力の問題について語っていると、韓国社会で最も不足している認識はジェンダー認識だということを痛感する。ジェンダーは独自の政治的矛盾としてはみなされない。性暴力（gender based violence）は、ある男性の所有物である女性を、他の男性が毀損する問題とみなされている。性暴力を男性と女性の権力関係ではなく男性と男性の権力関係に変質させる男性社会の戦略は、ジェンダー体制の核心であり、女性を苦境に陥れるものだ。

安熙正（アン・フィジョン）、李在明（イ・ジェミョン）、金慶洙（キム・ギョンス）裁判を「大統領候補の問題」と捉えているのがその代表例と言える。三人はそれぞれ別個の問題で法廷に立っている。安熙正事件の争点はジェンダーだ。女性の人権は今も、男性同士の利害関係によって左右されている。女性は個人とみなされず、家族制度などを通じてどんな男性とつながっているかによって、社会的地位や被害者としての地位が決まる。家父長制社会は、男性が女性の価値を決める社会だ。家父長制社会では、男性が自分の理解に基づいて「保護すべき女性」と「そうではない女性」を区別する権力を持ち、女性をコントロールする。「シスターフッド」が「男性同士の連帯」に勝てないのはこのためだ。

＃ＭｅＴｏｏは「ハリウッド」で「最近」始まったものではない。韓国社会においては、日本軍「慰安婦」の被害回復運動がその先駆けだった。１９９１年の「ソン・ベックォン事件（キム・ブナム事件）」は、９歳のときに隣人の男性（ソン・ベックォン）から性暴力を受けた被害者が21年後に加害者を殺害した事件だった。被害者のキム・ブナムは法廷で「私は人間ではなく獣を殺しました」と叫んだ。１９９３年には「ソウル大学シン・ジョンヒュ教授セクハラ事件（ウ助手事件）」があった。このように、＃ＭｅＴｏｏは韓国社会にもずっと存在していた。しかし、２０１８年の韓国のような＃ＭｅＴｏｏはかつて起こったことがなかった。大衆的に運動が展開され、多くの人が参加した。日本ではまったく起こる気配のなかった＃ＭｅＴｏｏ運動も、福田淳一財務次官の女性記者に対するセクハラ問題によって、「韓国の女性に学ぼう」という声とともに火がついた。韓国が女性運動の世界的モデルになったわけだ。

犯罪通報が革命になり、「一般」刑事事件の被害者が次々とゴールデンタイムのＴＶニュースに出てくるこの犯罪の実体は、いったい何なのだろうか。国民の半数が潜在的被害者であるにもかかわらず、「些細な犯罪」とみなされ、そのほとんどが通報されず、被害の規模を測ることができない犯罪。犯罪が起ったことよりも、「誰が」被害者であり加害者なのかが争点になる犯罪。被害者のほうが「弁護士を選任する必要がありますか」と聞くような社会（弁護士をつける必要があるのは加害者のほうだ）。罪名の意味が共有されず、分析されない理由はいったい何なのか。「ハイブリッド」「ユビキタス」といった英語はすぐに一般化するのに、「ジェンダー」「フェミニズム」といった言葉は、なぜこれほどまでに一般化が難しいのか。

＃ＭｅＴｏｏは革命的だが、日常的な差別についてまで問題提起し続けることは困難だ。すでに「うんざりだ」という反応が出ているし、男性からの反発もかなり深刻な状態になっている。アメリカの人権運動家シャーロット・バンチ（Charlotte Bunch）は、政府や人権団体が女性の人権問題を深刻なものとして取り上げない理由を四つに整理している。（1）性差別は些細で副次的な問題、または生存に関する問題が解決したあとに提起できる問題と認識していること、（2）女性虐待は文化的・個人的問題にすぎず、国家が関心を持つべき政治的事案ではないと認識していること、（3）女性の権利は人権問題ではないと認識していること、（4）女性問題は社会に蔓延していて、不可避な問題であるため、解決のために努力しても成果が出ないと認識していること。

私はいつも、この四つの認識のうち、最後の理由が興味深いと思っている。つまり、男性社会も「女性問題は社会に蔓延しているため、解決のために努力しても成果が出ない」ことを認識しているということだ。本当にそう認識しているのであれば、何かしらの対策を立てる必要があるだろう。障害者の差別問題にも完全な解決というものはないが、私たちは対策を立てているではないか。しかし、ジェンダー問題についてはこのような認識がまったくない。これをジェンダー・ブラインドと言う。

ジェンダー社会で「不可能な#MeToo」

女性に対する暴力はジェンダー秩序から生まれる。だから被害者が尋問を受ける。私が考える最も日常的で暴力的な状況は、加害者（被疑者）にすべき問いを被害者に投げかけることだ。性暴力犯罪がまさにこれにあたる。取り調べを装った被害者非難、被害者に対する好奇心、常識に基づく世論裁判は、法的審判であるより以前に日常文化であると言える。子どもに対する性暴力や、被害者が複数いる事件を除けば、質問をされて苦しむのは被害者だ。被害者は、命がけで抵抗したこと、毅然とした態度だったこと、切実な心情だったこと、そして何より自分がどれだけ被害者らしかったのかをできる限り証明しなければならない。

私は1991年から、韓国で性暴力特別法（性暴力犯罪の処罰及び被害者保護等に関する法律）が制定され改正される過程に参加してきた。しかし、元忠清南道（チュンチョンナムド）知事安熙正（アン・フィジョン）の事件を見守りながら、27年もの時間が経過しているにもかかわらず、残念なことに法廷には変化が「起こっていない」ことを痛感した。２０１８年春、野火のように#ＭｅＴｏｏ運動が広まったにもかかわらず、同意や抵抗の有無に関する質問が被害者に対して執拗に繰り返されている。これからは、同意や抵抗の有無が争点になってはならないと思う。質問は加害者にするべきだ。窃盗や詐欺など性暴力以外の刑事事件では、被害者に質問をしない。そもそも事件発生についての証明を求めることもない。何より、法廷は加害容疑者に対して質問する空間のはずだ。しかし韓国社会は性暴力被害者に対する関心が大きいようで、それだけでなく、何を聞いてもよいという権利意識さえ持っているようだ。

　私の知るある家庭内暴力の被害者は、40年間夫の暴力に苦しめられ、還暦になってやっと離婚訴訟をしているところだ。始まりはデートＤＶだった。周囲の人は皆、結婚すれば直る、男の子が生まれたらやめる、子どもが大学に行って結婚して孫が生まれたら……と言っていたそうだ。結局彼女は、20歳のときに出会った男性から以後ずっと暴力を受け続けた。問題は、「暴力は直る」という通念を受け入れた被害女性が、夫の暴力を解決しようと結婚を焦り、状況を「リード」してしまったことだった。しかし法廷では、被害女性が受け入れた通念とは逆の状況が起こった。被害女性は、なぜ自分を殴るような相手と結婚したのか、なぜ警察に通報しなかったのか、これまでいくらでも逃げる機会はあったのに、なぜ今になって離婚しようとするのか、もしや何か別の理由（お金、男……）があるのではないかと質問された。

被害女性が暴力から逃れられない「理由」は当事者ごとに違う。その理由は第三者には想像できないほど多様だ。そして、被害者にはこうした問いに答える義務はない。このような問題については、別の方法でアプローチする必要があるだろう。つまり、社会運動は思考の枠を変えるべきなのだ。性別における権力関係については特にそうだ。私は、加害者に問いを投げる反性暴力運動を提案したいと思う。

私たちは加害者に問うべきだ。女性を殴ったのはなぜですか。妻を「教育する」と言って、教育にとどめず、殺したのはなぜですか。もう殴りませんと公正証書まで書いたのに、また殴ったのはなぜですか。酔っぱらって殴ってしまったのではなく、殴るために飲んだのではないですか。お酒を飲んでも妻を殴らない男性のほうがはるかに多いのですよ!

秘書に個人的なおつかいをさせておいて、なぜお金を払わなかったのですか。マッサージを要求したのはなぜですか。いつも残業ばかりさせていたのはなぜですか。普段は女性運動云々と口にしているくせに、ダブルスタンダードな態度をとったのはなぜですか。ご自分の性暴力裁判に妻を出廷させたのはなぜですか。あなたの考える性暴力、性的関係、愛の関係とは何ですか。被害者と交際していなかったにもかかわらず、不倫だと嘘をついたのはなぜですか……。

現在の韓国の法廷において、権力関係によって発生した性暴力に関する質問は加害者の視角で構成されている。権力行使が自然なことと信じられている社会で、加害者の行動には関心が持たれない。その代わりに被害者の対応が疑問視される。被害を受け、被害後に尋問を受ける弱者は、いったいどう生きていけばよいのか。

性暴力は、男女の権力関係における男性と女性の相互作用、行為性（agency）に関する犯罪だ。これに加えて、年齢・階級・容姿・人種・地域など、さまざまな要素が相互に作用する。ここで問題なのは、ジェンダーが「習俗」化していることによって、性暴力が不法と合法、規範と暴力、正常と非正常の連続線（continuum）に位置づけられているということだ。この連続線上のどの地点でジェンダーを問題化するかは、その社会の力量や個人の問題提起にかかっている。もちろん、この連続線という用語は、男女個人にのみ適用されるわけではない。この場で一つひとつ分析することはできないが、たとえば済州島４・３事件［１９４８年４月３日に起こった、李承晩を支持する軍、警察による済州島民の虐殺事件］、朝鮮民主主義人民共和国とアメリカの関係、セウォル号事件など、すべての社会現象はジェンダー構造を前提としている。ジェンダーの観点なしに、完全に「中立的」で「客観的」な社会分析を行うことは不可能だ。

連続線については、次のように詳しく説明することができる。番号が大きくなるほど違法性が高いと言える。

（１）性役割、（２）性別化された資源、魅力をセールスポイントにした異性愛、（３）異性愛関係の制度化、家族、（４）性売買、（５）性暴力、（６）人身売買（強制妊娠、臓器摘出）

人身売買は除くとしても、この連続線から自由な主体はいないし、そんな人生も社会もありえない。性役割―異性愛―結婚―性売買を連続線上に置く考え方は、「神聖な結婚と売春を同一視するな」と物議をかもすかもしれない。それでもこの概念を使用するのは、交換の法則という共通点があるからだ。どんな関係性においても、男性の資源は金・知識・地位など社会的なものであるのと比べて、女性の資源は容姿・性・性役割行動（愛嬌、「思わせぶり」、性愛化された人間関係……）だ。

労働の性愛化、性の売春化が加速する社会で、魅力や資源の性別化による格差はさらに拡大する。資源の社会的評価、「賞味期限」、交換原理は男女で正反対で、これこそが差別だ。そしてこのような差別が生まれるのは、男性は能力、女性は体という視点があるからだ。女性の体はすなわち性を意味するが、男性の体は必ずしも性を意味しない。男女間の愛は、不平等な交換という点で、根源的に政治的な問題と言える。この不平等交換を上手に利用する女性が少数存在することは確かだが、あらゆる女性が成功できるわけではない。その理由は単純で、資源が多い男性も少数だからだ。

#MeTooはジェンダーの連続線から発生する問題だが、性別制度によるすべての抑圧が#MeTooの対象になるわけではない。女性の女性性は、女性自身が望むと望まざるとにかかわらず資源とみなされる。そして階級間、ジェンダー間の貧富の格差が深刻化するほど、男性の自我を高揚させようと、外見を磨くためにあらゆる手段を尽くす女性が増える（韓国が人口あたりの整形件数で世界一を記録したことを思いだそう）。このケースで、#MeTooの主体（被害）と対象（加害）は誰になるのだろうか。整形手術は女性

郵 便 は が き

料金受取人払郵便

本郷局承認

3935

差出有効期間
2022年1月31日
まで

(切手を貼らずに
お出しください)

113-8790

473

(受取人)

東京都文京区本郷2-27-16 2F

大月書店 行

注文書

裏面に住所・氏名・電話番号を記入の上、このハガキを小社刊行物の注文に利用ください。指定の書店にすぐにお送りします。指定がない場合はブックサービスで直送いたします。その場合は書籍代税込2500円未満は800円、税込2500円以上は300円の送料を書籍代とともに宅配時にお支払いください。

書 名	ご注文冊数
	冊
	冊
	冊
	冊
	冊
指定書店名 (地名・支店名などもご記入下さい)	

ご購読ありがとうございました。今後の出版企画の参考にさせていただきますので、下記アンケートへのご協力をお願いします。

▼※下の欄の太線で囲まれた部分は必ずご記入くださるようお願いします。

●購入された本のタイトル		
フリガナ お名前		年齢　　歳
電話番号（　　　）　—	ご職業	
ご住所　〒		

●どちらで購入されましたか。

市町村区　　書 店

●ご購入になられたきっかけ、この本をお読みになった感想、また大月書店の出版物に対するご意見・ご要望などをお聞かせください。

●どのようなジャンルやテーマに興味をお持ちですか。

●よくお読みになる雑誌・新聞などをお教えください。

●今後、ご希望の方には、小社の図書目録および随時に新刊案内をお送りします。ご希望の方は、下の□に✓をご記入ください。

□ 大月書店からの出版案内を受け取ることを希望します。

●メールマガジン配信希望の方は、大月書店ホームページよりご登録ください。（登録・配信は無料です）

いただいたご感想は、お名前・ご住所をのぞいて一部紹介させていただく場合があります。他の目的で使用することはございません。このハガキは当社が責任を持って廃棄いたします。ご協力ありがとうございました。

にとって被害なのか、自らに対する加害（?）なのか、あるいは選択なのか。つまり、女性が経験するジェンダー化された生が女性にとって不利なものであることに間違いはないが、そのすべてが#MeTooの対象になるわけではないということだ。

今の#MeTooのような形で、家庭内暴力に対する#MeTooが起こらないのはなぜだろう。もちろん、被害者が家庭内暴力を警察に通報したり、離婚を選択したりするケースは以前と比べて増えてはいる。しかし、「私は夫に殴られた」という告発がツイッターに上がったり、テレビ番組で取り上げられたりするケースはないし、あるとしても今の#MeTooのような状況には「進展」しないだろう。徐志賢（ソ・ジヒョン）検事が家庭内暴力の被害者だったとして、はたして#MeTooは可能だっただろうか。

また、同じ不公正取引として、性売買（男性はお金、女性は「体」）や性産業の現場で起こる暴力に対してはなぜ#MeTooが困難なのだろうか。性産業に従事する女性が顧客の男性に死ぬほど殴られたとしても、「自分が招いたこと、とるに足らないこと、予定されていたこと」とみなされ、人権問題として取り上げられない可能性は高い。なぜだろう。

男性社会において、女性という理由で被害を受けており、その被害の原因は同じく暴力なのに、なぜ#MeTooの対象になる事案とそうではない事案があるのだろう。それは、#MeTooに対して何かしらの社会的なシナリオがあって、暴力に対する私たちの認識と想像力を制限しているからではなかろうか。

ハーヴェイ・ワインスタインはハリウッドの大物映画プロデューサーで、彼の行動に口出しできる者は誰もいなかった、アンジェリーナ・ジョリーやグウィネス・パルトローらでさえ彼から被害を受けた、彼女たちはキャリアを築いたあとに、あるいは勇気を出して、「怪物」の長きにわたる犯罪をメディアで暴露、すると、その後たくさんの女性がそれぞれの共同体の中で「私も同じ経験をした」と宣言し、世論は「ウィズユー（With You, あなたと共にある）」を叫ぶようになる、といった具合に。

これからも性売買や家庭内暴力が#MeTooの対象になるのは難しいだろう。この二つの制度に関しては、女性にも利害関係があるからだ。特に、女性の二分化制度——家族（「母」）と売春（「娼婦」）——は家父長制のマトリックス（母型）であり、この二つの制度には被害者がいないと考えている人が多い。家族制度と性売買に対して問題提起することは、家父長制の共同体そのものを崩壊させる。「よく言って」、#MeTooはセメントを突き破って出てきた芽だと言えるが、突き破った場所は限定的だった。

男性社会が選別する被害者

性暴力に対する男性社会の関心事は、被害者の苦痛や人権侵害、深刻さなど被害者に関するものではなく、その事件が男性社会にどれだけ打撃を与えるかということだ。加害者と男性社会の間に利害関係があるかどうかが重要なのだ。会社や労組、学校、文学界といった組織でも、加害者が内部権力者かどうか、加害者が男性社会に恥をかかせるかどうかによって事件の性格が左右される。

女性検事の＃ＭｅＴｏｏは検察にとっての恥であったので、恥を嫌った男性たちが「解決をはかった」のだ。女性検事が家庭内暴力の被害者であったなら、韓国社会は関心を持たなかったはずだ。家庭内暴力は家の中のこととみなされるからだ。専門職の女性がＴＶに出演して家庭内暴力を暴露するということも考えにくいだろう。そもそも、こうした問題に関心のあるメディア自体が「存在しない」。多くの場合、女性の人権は、江南（カンナム）駅殺人事件のように何の理由もなく見知らぬ男性に殺害されたり、家庭内暴力の被害女性が夫から逃げている途中に殺害されてから可視化される。女性は死んでからやっと、社会の一員となる権利を得ることができるのだ。

すでにおなじみの理屈ではあるが、徐志賢（ソ・ジヒョン）検事の＃ＭｅＴｏｏに対する男性中心的視角がよく表現されている『ハンギョレ』のコラムを紹介する。「韓国社会の権力集団に所属する被害者が人生をかけてテレビに出演し、やはり世論形成において絶大な権力を握る司会者と向き合って証言をすることで、やっと被害者の声が届く(9)」。これとほぼ同時期に「検事などの専門職ではない非正規職の女性が直面する現実」というテーマの風刺漫画も掲載されていた(10)。

検事がテレビに出演したからこそ、この問題が取り上げられたのであって、貧しく社会的地位の低い女性が同じことを訴えても、おそらく世論は関心を持たなかったはずだという意味だ。こうした「自嘲」めいた論理には多くの人が共感するだろう。しかしこのような論理は、女性に対する暴力をジェンダー問題ではなく階級の問題として捉え、潜在的な被害者である女性を「分裂」させる方法と言える。「資源のない女性はさらなる被害を受ける」ということを言いたいわけではない。実際に徐志賢（ソ・ジヒョン）検事も多くの悪質なコメントや非難に苦しめられていた。

問題は、このコラムの筆者や風刺漫画の作者が、ジェンダーイシューに接近する方法だ。このような問題提起の仕方は、社会的地位が低い女性の代弁者を自称しつつ、自分を「最も正しい立場」に置くものだ。最も地位が低い弱者のポジションから最前線の批判を行い、最も急進的な言説を後出しで提唱する方法で、最も正しい立場を先取りする。かつてある男性が「Ｂ級左派」を自称していたが〔『Ｂ級左派』という著作を書いたキム・ギュハンのことを指していると思われる〕、韓国社会の運動の中ではこのような主張の仕方が蔓延している。彼らの主張の仕方はだいたいの場合、非現実的なことを「主張」して「決意」表明をしたり、自分の謙虚さをアピールして終わる。

難民を例にあげてみよう。人間は皆「難民」になる可能性がある。ある集団は難民を嫌悪し、またある集団は難民に同情する。この二つの立場は対立しているように見えるが、彼らの根本的な欲望は同じで、「私は難民ではなく、私が難民を規定する」というものだ。しかし、韓国社会に必要なのは「他者の声」であって「最も正しい声」ではない。新自由主義の時代が自己陶酔の文化を基盤にしているという点で、これからさらに深く議論すべき問題と言えるだろう。

徐志賢検事の＃ＭｅＴｏｏは多面的な争点を含んでいる。先述したように、（１）大衆が国家よりも一人の女性検事を信頼したこと、（２）徐検事の＃ＭｅＴｏｏ以降も検察と国家は対策を立てていないこと、（３）

特に、組織内部の性暴力被害に対して問題提起を行った被害女性への報復があること（徐検事の場合は「左遷」、こんなことをする組織にいったい何を期待できようか）、（４）家庭内暴力や性産業の現場で起こる女性に対する暴力は＃ＭｅＴｏｏの対象になるのが困難であること、である。

安熙正（アン・フィジョン）事件は、性暴力の容疑者の家族について、特に容疑者が夫である場合の妻の役割について、さまざまなことを考えるきっかけになった。実際に多くのケースで、男性パートナーが性暴力の嫌疑で法廷に立ったとき、その母親や妻、愛人などは、同じ女性として被害者の立場で自分をアイデンティティ化することはせず、性役割の担当者として、加害者との関係の中で自分をアイデンティティ化する。安熙正の妻は、判事から制止を受けるほど裁判に過度に介入して事件の本質をゆがめた。先述のとおり、男性が性暴力の容疑者になったとき、パートナー（妻、愛人……）の役割はとても重要だ。このケースのように「男性」が「女性」を効果的に利用するケースというのもまれだろう。こうした問題は、加害容疑者の無罪を証明するためというより、マスコミの素材になるからだ。加害者のパートナーが登場した瞬間から、事件は犯罪ではなくゴシップとなり、被害者の人権よりも家族の価値が強調されることになる。ヒラリー・クリントンのように、夫よりも「さらに賢い女性」が表に出てきて問題を解決することもある。このとき、加害者の妻は、「女性の包容力、良妻賢母の忍耐」を体現する「家父長制家族の守護者（社会の守護者）」として認識され、被害女性は相対的にその逆の価値を体現する女性とされる。

よく言われる「美人局（つつもたせ）」というのは、結婚制度の中で男性に奉仕することはせず、男性との関係から利益を得る女性のことを指しており、心ない人は安煕正事件の被害者をそのように呼んだ。もちろん、安煕正事件の被害者はそれとは真逆の人物だった。むしろ労働市場において、経済活動、それも過度な労働に苦しむ独立した人間であったにもかかわらず、一家の家長が犯した性暴力を通報したことで、中産階級家族の安定的なイデオロギーにとって脅威となる存在として認識されてしまったと言える。

男性の新たな「性役割」は自らに対する責任感

２０１７年に朴柱澤（パク・ジュテク）、ペ・ヨンジェ［ともに韓国の詩人］の深刻な性暴力事件（felony）が続々と暴露され、女性作家が中心となって対策を議論していたころのことだった。私は文学界の性暴力事件に関連する小さな集会に討論者として参加していた。そこで加害者を批判する記事を書いた人とも対話をする機会があったのだが、彼らの努力の甲斐なく、私は作家たちがいまだに「文学界の特殊性（自律的解決）」「一部の作家の問題」「性暴力（＝犯罪）ではなくスキャンダル」「作家と作品を分けて考える」ことを過度に強調していると感じた。それは言うまでもなく、無知による防御の論理だった。進歩派、映画界、宗教界の性暴力問題においても繰り返し耳にした論理である。

私はその場に集まっていた作家に対し、「皆さんは性暴力を知らないのではなく、文学を知らないのです」と言って批判した。人間活動のすべてはジェンダー化されているが、特に文学は、まぎれもなくその先駆者と言える。詩学はジェンダーの始まりであるし、女性が文盲から抜け出せたのは大衆教育が始まった近代以降、つまり最近のことだ。それ以前に女性に対して言語が許されていたのは、西洋の場合は修道女、東洋の場合は「妓生(キセン)」だった(西欧の初期フェミニストの中には女性神学者が多かった)。そして彼女たちに言語が許されていたのは、すべて男性の都合だった。男性は一人で「風流」を味わうことができないので、対話可能な女性(「妓生」)が必要だったということだ。近代以降、女性が言語を手にし始めて、男性の言語を相対化したことで、人類(男性)の歴史に亀裂が入り始めた。

ジェンダー社会で生きていることを知っているのと知らないのとでは、決定的な認識の差がある。ジェンダーは「女の問題」や「女性問題」ではなく、社会的矛盾であり権力関係だ。また、ジェンダーを理解するとき、#MeToo運動の状況をさらに深く考察することもできる。ジェンダー体制での女性に対する暴力の意味を考えるとき、#MeToo運動はあまりにも先が長く、今はまだ一歩を踏み出した状態にすぎない。それと同時に、#MeTooは大きな事件でもある(実のところ、国家の意思さえあれば多くの問題が解決されるのだが、国家に何を期待できようか)。#MeToo運動はジェンダー暴力に対してははっきりと警告・打撃を加えた。そして#MeToo運動は確実に大衆化している。大小さまざまな試行錯誤はあるかもしれないが、女性の意識を過去に戻すことはできない。その大義、求める法制度、現実的な要求として、#MeToo運動は決して止まることのない社会運動だ。

#MeToo運動はより広範囲に拡大し、より繊細になり、より強力な文化運動として発展するはずだ。

女性に対する暴力や女性殺害（femicide）、被占領地域において男性を殺害し女性を強かんする性別化されたジェノサイド（genocide）は、人類文明の初期からずっと続いてきた。だから、私たちの社会は準備をする必要があるのだ。男性には、このような小さな変化を目の当たりにして、まるですべてを奪われたかのように怒りだされても困る。#ＭeＴooがこれからも続くことを、本当は男性も知っているのだ。沈黙は破られた。女性たちは10代から老人に至るまで、[11]全世代にわたって、ジェンダー体制において男性と女性が異なる位置にいることを理解しつつある。このような状況の中で、混乱と恐れを感じない男性ははたしてどれくらいいるだろう。私には彼らの混乱と恐れが理解できる。

しかし、この恐れや怒りは、社会の構成員として男性個人が自ら解決すべき問題だ。「男性も家父長制構造の犠牲者」というような言説は、男性を自己変革不可能な未成熟な存在として認識させる。共同体の安全と成熟のため、韓国の男性文化や韓国人男性に最も求められるものはなんだろう。韓国人男性に対して、国家安全保障や扶養責任を求める時代はもう終わった。実際に韓国人男性が「保護者男性」という性役割を遂行したことは歴史上なく、グローバル資本主義の時代にはそうしたくてもできない。男女に関係なく、自分が何者なのかわかっていない人間が「でしゃばる」社会が一番危険だ。だからこそ、男性も「鏡」の前に立って自分の姿を見てみてほしい。自分を見つめること。そうして自分のことを知って、他人に暴力や被害を加えないこと。

家父長制社会の被害者／加害者という枠組みで男性に接近しても、無益な緊張を誘発するだけだ。彼らに求められる新たな「性役割」は、自らに責任を持つことだ。男性社会の変化、これが真の#MeToo革命だ。

〔注〕

（1）Theweleit, Klaus, *Male Fantasies, Volume 1: Women Floods Bodies History*, translated by Conway Stephen, University of Minnesota Press, 1987.

（2）韓国社会において、ジェンダーやフェミニズムに関する用語は統一されていない。男性と女性、文化と法制度、世論とメディア、さらにはフェミニストの間でも概念の使用に差がある。その理由はフェミニズムが「外来語」であることではなく、ジェンダーやフェミニズムに対する社会的認識が不足しており、他の分野と比べて論争の領域で重要視されていないからだ。したがって本文では、最大限「共用語」を使用しつつ、英文表記を併記する。たとえば、女性に対する暴力を、ジェンダー暴力と略すこともあれば、女性暴力と略すこともある。また、性暴力は「rape」である可能性もあるし、「sexual violence」である可能性もある。性暴力を強かんにだけ限定する認識は、男性器中心的思考と言える。

（3）Theresa Hak Kyung Cha, *Dictee*, University of California Press, 2001.

（4）李静和（イ・ジョンファ）『つぶやきの政治思想――求められるまなざし・かなしみへの、そして秘められたものへの』青土社、1998年。

（5）「残酷なほど正常な（Awful Normal）」は、2005年第7回ソウル国際女性映画祭で上映されたドキュメンタリー映画のタイトルだ。映画の内容はセレスタ・デイヴィス監督の実体験で、上映当時大きな話題を集めた。この映画は「性暴力被害を受けた女性に勇気を与える話」と解釈される場合が多いが、私は被害者が加害者と対面するシチュエーションが描かれていることに関心があった。鄭喜鎮（チョン・フィジン）『一人で見た映画』キョヤンイン、2018年、119〜125ページ参照。

（6）「家事から目を背ける夫――共稼ぎを諦める妻」『世界日報』2018年2月22日付（インターネット版。http://www.segye.com/newsView/20180221000652）。

（7）「韓国男性の賃金を100万ウォンとすると、女性の賃金は63万ウォン――男女の賃金格差、OECD加盟国の中で最大」『中央日報』2017年7月4日付。

（8）韓国性暴力相談所『2017年韓国性暴力相談所相談統計および相談動向分析資料』（未発行）、2018年。

（9）ウニュ「フェミニストより怖いもの」『ハンギョレ』2018年2月3日付。

（10）「2月1日ハンギョレ風刺漫画」『ハンギョレ』2018年2月1日付。

（11）「#MeTooおばあちゃんの学校『言葉に出来ないまま生きてきた時間が繰り返されてはならない』」『ハンギョレ』2018年12月15日付。

春香には
性的自己決定権が必要だった

韓蔡昀
Hahn Chaeyoon

はじめに

2018年8月14日、元忠清南道（チュンチョンナムド）知事安熙正（アン・フィジョン）による性暴力事件の一審判決期日が開かれた。ソウル西部地方裁判所刑事合議11部（チョ・ビョング裁判長）は安熙正に無罪を言い渡した。裁判所は「被害者が明示的な同意の意思を表明したことはなく、内心では同意に反する状況だったとしても、現在の韓国の性暴力犯罪処罰体系では、被告人の行為を性暴力とみなすことはできない」と判決を下した。[1]「安熙正性暴力事件共同対策委員会」[2]はこの判決を「威力」と「性的自己決定権」に対する無理解として批判した。

事件を公正に判断すべき裁判所が、威力と性的自己決定権という重要な法概念を理解できないのは大問題だ。ひょっとすると裁判所は、意図的に「誤用」「悪用」をしているのかもしれない。裁判所の目的は、もっともらしい理由でこれらの概念を傷つけて、誰にも使わせないようにすることではないだろうか。

＃MeTooが連日のように勃発していた2018年4月ごろ、ある弁護士が有名な保守言論誌にコラムを掲載した。法律事務所の代表でもある彼は、性的自己決定権という概念はもともとあいまいなもので限界があるとしながら、このように付け加えた。「性的自己決定権を保有し行使する人が、不明確な拒否行動や意思表現で誤解を与えておきながら相手を性犯罪で訴える場合、これは『性的自己決定権』の濫用とみなすべきだ[3]」。事実、安熙正事件の裁判所もこのような論理を適用していた。裁判所は、なぜ貞操を守るために努力しなかったのか、高学歴のエリート女性であるにもかかわらず、なぜ性的自己決定権を行使しなかったのかと被害者に質問した。被害者が自分の権利を守らなかったせいで起きたことなのだから、加害行為はなかったと判決したのだ。

しかし被害者は、その権利を守るためにこそ性暴力事件を告発したのではないだろうか。権利概念の核心は、権利を「行使」することではなく、権利を「尊重」されることではないのか。小学校のころから他人の権利を侵害してはならないと教わってきたはずだ。

私は、性暴力事件で濫用されるのは被害者の性的自己決定権ではなく、むしろ弁護士や判事などの法曹家による無知、誤解、図々しさなのではないかと疑っている。性的自己決定権は法律だけでなく、性教育などでも広く使用される「概念」であるが、その意味は正確に認知されていないだけでなく、正確に使用されてもいない。本稿はこのような問題意識から出発している。性的自己決定権に対する分析や議論の範囲はかなり広いので、本稿では、性暴力犯罪を取り上げるときに性的自己決定権についてどう理解すべきかという点にフォーカスをあてる。議論の理解を助けるため、韓国の最も有名な古典小説『春香（チュニャン）伝』から話を切り出したいと思う。

成春香（ソン・チュニャン）と卞学道（ピョン・ハット）に聞きたい二つのこと

『春香伝』は、粛宗（スッチョン）〔李氏朝鮮の第19代国王〕の時代が背景になっていることからすると、18世紀に創作された作品と推定できる。ハングル版、漢文版、ハングルと漢文の混用版が伝承されており、小説以外にも、パンソリ〔朝鮮半島の伝統芸能で、一人の歌い手が鼓手の拍子に合わせて歌や台詞、身振りを織り交ぜながら口演する〕、漢詩など、さまざまな形式に作り変えられていて、それだけ読者層が幅広かったことが推測できる。基本の骨子は変えないまま、時代の変遷とともに人物設定や結末などが変化したストーリーが生み出され、今まで発見されたものだけでも１２０以上のバリエーションがある。

李氏朝鮮時代だけではない。韓国初の発声映画、韓国初の創作オペラ、韓国初の70ミリ映画、韓国初のカンヌ映画祭出品作もすべて『春香伝』だった。映画、ＴＶドラマ、マダン劇〔マダンは「広場」の意。社会風刺を主な内容とする、野外舞台で上演される演劇〕、唱劇〔歌唱を中心に演じられるパンソリ形式の歌劇。数人の役者が演技を行う〕、ミュージカル、演劇などで、『春香伝』を再解釈した作品が今も生まれ続けている。

その絶大な人気から、成春香と李夢龍（リ・モンリョン）を実在の人物と信じる者もいる。しかし、私たちの知る小説の設定どおりであれば、むしろ実話でなくてよかったと思う。もし18世紀の全羅南道南原（チョルラナムド・ナムウォン）に春香が生きていたとしたら、最終的に栄華を享受することになる小説の主人公とは違って、十中八九、南原府使〔李氏朝鮮時代の長官職〕の誕生日の宴席で首をはねられて死んでいたはずだからだ。かろうじて処刑を免れたとしても、残りの人生は決して平坦ではなかったはずだ。李氏朝鮮後期の学者洪直弼（ホン・ジッピル）が残した『梅山集（メサンジプ）』という個人文集を読めば一目瞭然だ。『梅山集』には、江原道寧越郡（カンウォンド・ヨンウォルグン）に実在した瓊春（キョンチュン）という妓生（キセン）に関する話が書かれている。官妓（クァンギ）〔宮廷または官庁に所属した妓生〕であった瓊春は、自らが愛した府使が任地を離れたあと、新たに赴任してきた新任の府使の夜伽（よとぎ）を拒否する。しかし彼の要求があまりにも執拗で耐えられず、最後は川に身を投げてしまうという内容だ。[4] このとき瓊春は、春香と同じ16歳だった。おそらく春香の人生も、瓊春と同じものになっていたはずだ。

李夢龍も同様で、小説のように1年で科挙に首席合格し、暗行御使（アメンオサ）〔李氏朝鮮時代、王の命令で秘密裏に派遣され、地方官の統治を監察しながら人々の生活ぶりを調べた官職〕として任命を受け、南原に戻ってくることはなかったはずだ。歴史学者によれば、李氏朝鮮時代の科挙試験はかなりの難関で、小科と大科の両方に合格するのに普通は10年程度かかったとされている。合格者の平均年齢は30歳だったそうだ。そのため、春香と同い年の李夢龍が暗行御使となって現れるという逆転劇はありえなかったはずだ。当時の創作者や読者は、このような事実をよく理解していたに違いない。そのため、『春香伝』はもしかすると、殺されざるをえない春香を想像の中だけでも生かしてあげたいと願う、春香に対する哀れみの心で書かれた作品だったのかもしれない。

『春香伝』について考えながら、ふとした疑問が浮かんだ。[5] 春香はなぜ、小説に書かれたような行動をとったのだろうか。春香（チュニャン）は李夢龍（リ・モンリョン）に対する貞節を守るために卞学道（ピョン・ハット）の夜伽を拒んだと言われている。しかし、本当に理由はそれだけだったのだろうか。青春真っただ中でまだ死ぬには若すぎる春香は、本当に自分の命が惜しくはなかったのだろうか。一人残される母親が哀れではなかったのだろうか。失敗する可能性があったとしても、卞学道をなだめ、生きる道を模索することもできたのではないだろうか。しかし小説の春香の行動は、すでに死を決心しているかのように断固としたものだった。むしろ卞学道の気分を害する言葉ばかりを選び、一言一句に反論している。どんなに相手が嫌でも、自分の命を捨てるほど嫌ということがあるだろうか。春香は死刑前日に乞食のような恰好で現れた李夢龍を見ても決意を翻さなかったので、きっと李夢龍が助けにくるという期待で耐え抜いたわけでもなさそうだ。そうであれば、いったい春香はなぜ、生きるための方法を少しも模索しなかったのだろうか。

　春香と同じくらい理解できないのは卞学道だ。南原（ナムオン）に発令を受け任地に向かう卞学道は、絶世の美女と名高い春香に会えることを期待して浮かれている。卞学道は官庁に到着して腰を落ち着けるなり、今すぐに春香を召し上げろと部下を怒鳴りつけた。そして、無理やり連行された春香に夜伽を命じるが、春香はこれを拒否する。たしかに、春香との対面をずっと楽しみにしていた卞学道としては、彼女の態度に少々驚いたかもしれない。しかし、春香に振り向いてもらうため李夢龍より自分のほうが地位も財産もあると誇示することもせず、力づくで無理やり彼女を抱き寄せることもしないで、すぐに春香を刑具に縛り付けて拷問した。そして春香を幽閉し、自分の誕生日の宴席で首をはねて殺そうとした。卞学道はあらゆる暴力を行使しているのだが、なぜか自分の欲求を遂げようとはしていない。彼は春香の手すら握っていないのだ。卞学道は、なぜこんな行動をとったのだろう。

春香は李夢龍を心から愛していたので、純潔を守れないなら死んだほうがましだと思ったのだろうか。卞学道は、自分のものにならないくらいなら春香を殺してしまおうと思ったのだろうか。春香が自分を選ばなかったから、男としてのプライドが傷ついたのだろうか。

春香が守ろうとしたのは貞操ではない

当事者に直接聞く方法はないので、疑問を解決するには『春香伝』を詳しく読むしかない。

『春香伝』は身分の差を越えた至高の純愛物語として語られることが多い。苦難を克服し貞操を守った女性は「身分上昇」という褒美をもらい、女性の貞操に手を出した悪人は「罰」を受けるという、勧善懲悪がテーマの小説として理解されている。しかしよく考えると、全身をむちで打たれ、監獄の中で首かせをつけられて立つことも伏せることもできないまま拷問に耐えるのを「女性の純粋な愛」とみなすのは何かがおかしい。愛は偉大というけれど、私たちは春香の人生を恋愛中心に捉えすぎではないだろうか。春香には愛以外に絶対に守り通したかったものがあったのではないだろうか。

『春香伝』を注意深く分析してみると、春香が白馬に乗った王子様を待つ純心で夢多き少女ではないことがわかる。房子（パンジャ）〔李夢龍（リ・モンリョン）の使い〕が李夢龍の命を受けて、初めて春香を召し上げようとするシーンを見てみよう。房子は初め、「府使のご子息が会いたがっている」ともったいぶって権力を誇示して春香（チュニャン）を連れて行こうとするが、「庶民の娘にむやみに指図することはできないはず」といって拒絶される。最終的に春香は、李夢龍と春香の間で板挟みになった房子に同情して仕方なく広寒楼（クァンハンル）〔南原（ナムオン）にある楼閣で、春香と李夢龍が出会った場所として有名〕へ赴く。しかし、そこで李夢龍から真剣な交際を提案されても、これを一刀両断に拒絶した。春香は、自分は妾として生きるつもりはないし、夢龍はいつか父に従って漢陽（ハニャン）〔当時の首都。現在のソウル〕に帰るはずだ、そうすると自分は村八分になってしまうと、交際を拒否する理由を並べ立てた。

　李夢龍がそんなことは絶対にないと言うと、言葉ではなく文字でその決意を書き残してほしいと要求する。李夢龍は春香の求めに応じ、その場で不忘記という「覚書」を書く。「私は春香と夫婦の契りを交わした。この約束が破られたときには、この文書を持って官庁へ行き、私を告発すること」。春香は覚書を受け取り、懐に大切にしまったあと、「私たちが交際していることをお父上に知られたら殺されてしまうかもしれない。必ず秘密を守ってください」と李夢龍に頼み込んだ。そして李夢龍が春香に言われたとおり春香の母親である月梅（ウォルメ）から許しをもらってきた日の夜、彼女は同衾を実行する。

　これらのエピソードを総合してみると、よく映画やドラマで描かれているのとは違って、春香は李夢龍に一目ぼれをしたわけではない。一度交わした口約束を永遠と信じる純真な女性でもない。現職の府使の令息との交際にどんな危険や利益が伴うのかを瞬時に把握できるほど賢く、正式な婚礼をあげないまま肉体関係を持つほど果敢で、それと同時に、自分がどう振る舞えば一番後腐れ（あとくさ）れがないのかを緻密に観察できる冷徹な人物と言える。

　李氏朝鮮は従母法という法律によって、妓生（キセン）の母親から生まれた娘は無条件で妓生になるしかない社会だった。しかし小説の中の春香は、「代婢定属」という制度を使って良民へと身分を変えている。「代婢定属」とは、妓生が自分の代わりの奴婢（ノビ）［李氏朝鮮時代の身分制度の最下層に位置する身分］と一定程度の財物を官庁に納め、妓籍［官妓の名前を記した帳簿］から名前を抜く制度のことで、李氏朝鮮初期に少しの間存在していた。小説の背景となった18世紀にはすでに公的には廃止されていたものの、李氏朝鮮時代の間ずっと非公式の慣行として残っていた制度だ。つまり、春香の代婢定属は安定的ではなかった。卞学道（ピョン・ハット）のような人物によっていつでも否定される可能性があったからだ。そのことをよく理解していた春香は、何があっても二度と妓生には戻るまいと、幼いころから固く決心していたのではないだろうか。李夢龍が交際を提案したときに妾になるつもりはないと言ったのは、夢龍の腹を探るためだったと推測できる。実際は手っ取り早く両班（リャンバン）の妾になったほうが春香にとっては得策だったはずだ。こうしてみると、春香がなぜ公にできない恋愛に踏み出したのか、なぜわざわざ不忘記を受け取ったのか、ある程度説明できる。(6)

　卞学道が赴任直後に部下を呼び出して春香の連行を命じたとき、その部下が言った言葉からもこのことがわかる。卞学道の部下は、「春香は前任の府使の令息とすでに夫婦の契りを交わしているから妓生ではない」と上申した。さらにこの部下の言葉は、李夢龍（リ・モンリョン）の父親が漢陽に発ったあと、村人全員が自分と夢龍が結ばれたことを知るよう、春香（チュニャン）が積極的に噂を流したことも推測させる。

もしかすると、春香が命をかけてまで守りたかったのは、自分が幼いころから夢に見、心に決めた人生だったのかもしれない。社会が決めた「貞操」ではなく、身分の貴賤に縛られない、自分だけの「アイデンティティ」を守りたかったのではないか。自分らしさを捨てて生きることは死んだように生きるのと同じことだから、たとえ命を失うことになっても自分らしく生きることを望んだのではないか。

卞学道（ピョン・ハット）は性欲を満たせなかったことに怒ったのではない

次は卞学道について考えてみよう。私たちはよく、たいていの男は美人が好きで、美人をめぐって男同士が争い、女性に拒否されプライドを傷つけられた男は、暴力を行使してでも女性を自分のものにしようとすると考える。このような観点で見ると、『春香伝』は、春香という美人をめぐって卞学道という貪欲な年寄りと李夢龍という正義感に満ちあふれた若者が争い、最終的に勝者が「女」を手に入れた話として解釈できる。一方このような観点は、卞学道の行動にもそれらしい口実を与える。卞学道は赴任先に美しい女性がいたせいで、あろうことか不運に見舞われたのだ。卞学道が男だったせいで、男らしかったせいで起こった出来事というわけだ。

卞学道と春香の出会いの場面についてもう一度考えてみよう。まずこのとき、卞学道は春香のことを妓生と信じ切っている。だから部下が止めているにもかかわらず、絶対に春香を連行しろと命じているのだ。卞学道の前に現れた春香が「夢龍に対する貞節を守る」と言って夜伽を拒否すると、卞学道は「漢陽に行った夢龍はお前を一晩の火遊び程度にしか考えていない、だからお前のもとに戻ってくるはずなどない、それを信じて待つのは愚かだ」と言って、春香を鼻で笑う。卞学道は最初から暴力的だったわけではなく、甘言を弄しながら夜伽を命じており、それなりの好意を示しているとも言える。しかし春香は、今度は司馬遷の『史記』に出てくる有名な文章を諳んじながら彼の命を拒否する。「忠臣は二君に仕えず、貞女は二夫に見えず（忠臣不事二君　貞女不更二夫）」。これは卞学道にとって思いもよらぬ反撃だったはずだ。

司馬遷が書いた『史記』の「列伝」という章に、王蠋という人物が登場する。王蠋は中国戦国時代の斉という国の優秀な大臣で、斉が燕によって征服されたとき、燕の将軍から大臣になることを打診される。王蠋はこれを拒絶しながら、忠臣と烈女〔命をかけて貞操を守ったり、再婚しない女性のこと〕の道理について言及した。臣下が持つべき正しい姿勢を諭す故事として、王蠋のこの発言は『小学』や『明心宝鑑』にも記録されている。つまり春香は、部下たちも見守る中、「私は婦女としての道理を守ろうとしている。そんな私を屈服させせようとするお前は忠臣ではない」と厳しく卞学道を批判したのだ。卞学道の立場としてはメンツをつぶされたと言うほかなく、彼の顔はきっと怒りで真っ赤になったり、恐ろしさから真っ青になったりしていただろう。

我慢の限界がきた卞学道（ピョン・ハット）は、「府使の命令を拒否するのがどれほどの大罪かわかっているのか」と言って春香（チュニャン）を脅す。春香は「既婚女性を強引に手籠めにすることがどれだけの大罪かわかっているのか」と卞学道をいなす。ついに卞学道は激怒し、「この女を打て」と叫ぶ。このときの卞学道の様子は「下冠が脱げ、まげが乱れていた」と描写されており、彼がどれだけ腹を立てていたのかうかがい知ることができる。ここまでの内容を見れば、卞学道の関心が春香との一晩にあったわけではなかったことがわかる。もし卞学道の関心が春香との一晩にあったのだとすれば、彼は高慢に夜伽を拒否する春香を懐柔するため、彼女の歓心を買おうとしたり、あるいは何かしらの不利益をほのめかして脅迫したはずだ。しかし、卞学道にはそうする余裕がなかった。彼は春香の発言に相当な危機感を覚えたはずだ。もし春香が本当に妓生（キセン）でないのであれば、卞学道は春香の主張どおり既婚女性を無理やり連行したことになり、これは官職をはく奪されるほどの罪だったからだ。

そこで卞学道は自らの安定を守るため、公権力を活用した。「不服従」という罪名で春香を連行、監禁し、自分の誕生日の宴席に周辺の郡の府使や村人を集め、彼らの面前で春香を処刑しようとした。つまり、官庁の規律をただすための合法的な処罰を装って、春香の身分を妓生にとめ置こうとしたのだ。このように後腐れなく処理をすることで、将来自分に降りかかる厄災を阻止しようと考えていたはずだ。

貞操では誰も救えない

卞学道と春香の対立の核心は「貞操」ではない。春香は自分のアイデンティティを守ろうとし、卞学道は自分の職位を守ろうとした。春香は自分が妓生ではないことを証明するために「夫がいる女性の貞操」を強調しようとしただけだ。彼女にはそれしか方法がなかった。強力な家父長制社会において女性の社会的地位はかなり低く、女性の地位は夫の地位によって判断されていたからだ。

『春香伝』をより深く理解するために、いくつかの想像を加えてみよう。まず、李夢龍（リ・モンリョン）が暗行御史（アメンオサ）ではなく科挙試験の受験生、一介の書生として南原（ナムオン）に戻ってきた場合に、どうなっていたかを考えてみよう。死の危機に瀕した春香を救うため、府使の誕生祝いの宴席に飛び込み、「私は春香の夫だ。春香を解放しなさい」と言うことは、はたして可能だっただろうか。卞学道は「申し訳ない」と言っておとなしく春香を解放しただろうか。その可能性はゼロだ。先述のとおり、卞学道にとって春香は妓生である必要があったからだ。

府使に食ってかかった李夢龍は、卞学道の部下に殴られて追放される。春香もその日のうちに処刑される。その後李夢龍は、殴られたときの傷が悪化し、悲しみに耐えきれず長患いの末に血反吐を吐いて死ぬ。村人は恋人たちを憐れんで、日当たりのよい場所に二人の遺体を埋めてあげる。その後、春が来るたび二人の墓のまわりに見たことのない花が咲くようになる。その花を人々は「春香花（チュニャン）」と名づける。もしかすると私たちは、小説ではなく、南原に伝わる悲恋物語として春香伝と出会っていたかもしれない。

次に、春香が処刑される直前に李夢龍（リ・モンリョン）ではない別の暗行御史（アメンオサ）が現れ、不正を犯した官吏を処罰するという状況になった場合に、どうなるか想像してみよう。これについては、『春香伝』の最後の場面にヒントがあるので簡単に答えを出すことができそうだ。元のストーリーでは、暗行御史の李夢龍が卞学道（ピョン・ハット）らを捕らえ、罪人をひざまずかせたあと、わざと知らないふりをしながら「その女はどんな罪を犯したのか」と卞学道の部下に聞く。すると「この女は春香という者で、卞学道との夜伽を命じたものの、貞節を守ると言ってこれに応じませんでした。府使の命に服従しなかった大罪人です」と答える。暗行御史は「妓生（キセン）の立場で貞節を守るために夜伽を拒絶するとは、死に値する罪である。暗行御史との夜伽も拒むつもりか」と春香に問う。春香は「漢陽（ハニャン）から来る官吏はみんな同じです。いっそのこと早く殺してください」とあきれたように答える。この春香の答えを聞いて、暗行御史はやっと自分の正体を明かす。「春香は頭（こうべ）をあげて私を見なさい」。こうして小説はハッピーエンドで終わる。

このシーンを見れば、いくら暗行御史が正義の味方で不正を犯した官吏を罰するとしても、それが李夢龍でなかったなら、卞学道と同じように春香を妓生扱いし、不服従の罪で残酷に扱っただろうことがわかる。私たちはこの二つの想像を通じて、春香が不当な暴力から逃れ死なずに済む方法はたった一つしかなかったことを理解する。それは、「(幸いにも心変わりすることのなかった)恋人」が強大な力を持つ権力者となって戻ってくることだ。春香の人間性よりも母親の職業（身分）が優先され、春香に貞操権があるかどうかを決めるのは本人ではなくまわりの男たちの競争の結果だ。春香は貞操を守るべき主体とされるが、貞操は春香に属していないということだ。

小説の中で、春香は賤民出身であるにもかかわらず、王命によって両班の正室として認められる。そしてこの奇跡は、命がけで「貞操」を守った女性にとって最高の褒美として表現されている（しかし実際の朝鮮の身分制度では不可能なことだった）。だからといって、「苦あれば楽あり」と言って感動したり、騙されたりするのはやめよう。現実の中で命をかけて貞操を守ろうとした女性は、ほとんどの場合本当に死んでしまう。また、そのようにして得た褒美は、死んだ女性ではなく生きている人たちが受け取ることになる。

ちなみに、男性が貞操を守っても彼らに褒美を与える制度は存在しない。そのような制度は存在していない。この事実について、男性には貞操を守って身分上昇する機会がなくて残念だ、これは男性差別であり、男女不平等の証拠だと言う人はいるだろうか。男性には褒美がないという事実だけを聞くと、「貞操」がまるで女性の特権であるかのように思えるかもしれないが、これは錯覚と言える。実は高麗時代には「義夫」といって、再婚せず妻に操を立てた男性に対して国家が褒美を与えていた。しかし李氏朝鮮では、建国と同時にこの制度が廃止される。義夫の対になる「節婦」という概念を「烈女」という名前で残し、一層これを称賛した。そして同時に烈女に対する社会的圧力も強化された。つまり、特権を獲得したのは李氏朝鮮の男のほうだったわけだ。

だいたい、男性には一切と言っていいほど求められない貞操観念が、なぜ女性にだけ必要なのか。もし女性にとってそれほど貞操が重要なのであれば、この世のすべての男性が、自分の妻以外の女性とは絶対に性的関係を結ばなければよい話ではないか。理論的に言えば、女性の貞操を奪うことができるのは男性だけだから、これが女性の貞操を守るための最も確実な妙案と言えるだろう。もしこの単純な解決策を実現不可能な妄言と思うなら、貞操を基準に女性の生を判断しようとすること自体が愚の骨頂だと言うことも簡単に理解できるはずだ。

私たちは『春香伝（チュニャン）』を通じて、至高の純愛の偉大な勝利の物語ではなく、貞操を守ろうとして処罰される春香と、貞操を守ろうとして褒美をもらった春香が同一人物であるという矛盾を発見する。また、一夫一妻制と妓妾制度［妓生（キセン）を妾とする制度］が同時に作動する社会矛盾も発見できる。だからこそ、ここでもう一度問いを投げかけてみたい。女性として春香が心から望んでいたのは貞操だったのか。春香が最後まで守ろうとしたものは本当に貞操だったのか。春香が守ろうとしたのは貞操だったというストーリーは、彼女が心から渇望したものではなく、偽善的な家父長制社会が自己矛盾を隠そうとしてでっち上げた装置にすぎないのではないか。

女である春香は、貞操という徳を守るためではなく、自分らしく生きることを諦められなかったために死を選ぼうとした。そんな春香に思いをはせてみたい。春香が生きたかったのは、いったいどんな世界だったのだろう。

おそらく春香が望んでいた世界は、母親の職業が何であれ、外見がどうであれ、既婚未婚にかかわらず、恋人がそばにいるといないとにかかわらず、自宅から突然連行されて「性的関係」を強要されることのない世界だったはずだ。そのような世界では、性的関係を拒否しただけで暴力をふるわれたり、その暴力行為が慣習や制度、法の名のもとに合理化されたりすることはない。女性を生かすための権力が恋人によってもたらされることもない。周囲に権力者がいたおかげで運よく生き残れるのではなく、誰もが自分の力で危機を脱することができる。春香が望んだのはそんな世界だったはずだ。

現代社会で貞操が廃止されるべき理由は、それが旧弊な昔話だからではなく、貞操では誰も救うことができないからだと明言できる。これが貞操は完全に廃止されるべきで、貞操が美徳にならない理由だ。そしてこれは、性暴力の議論において貞操が決してその基準になってはならないという理由でもある。

それにもかかわらず、刑法には「貞操権」が入った

李氏朝鮮は歴史の表舞台から去ったが、女性にだけ貞操と純潔を求める抑圧的規範はしぶとく生き残った。反性暴力運動の歴史は、このように矛盾した二重規範をなくすための厳しい闘争の過程でもある。

大韓民国憲法の精神は、あらゆる国民が平等で自由であることだ。この憲法に基づいて、国民の権利を

保護し共同体を維持するための法律が作られる。そのうちの一つが犯罪を裁く刑法だ。

刑法はどんな行動が犯罪になるのかを判断するため、その法が保護しようとする利益や価値が何なのかを明確に定めている。これを「保護法益」と言う。たとえば、窃盗罪における保護法益は「財産権」だ。他人の携帯電話や財布を相手の同意なしにこっそり持ち出した場合、それは相手の財産権を侵害したことになるので、「窃盗罪」で警察に捕まる可能性がある。殺人が犯罪とされるのは、他人の生命権の侵害にあたるからだ。では、強かん罪の保護法益は何だろう。強圧的に性的関係を持とうとした加害者は、被害者のどんな権利を侵害したことになるのだろう。

１９５３年に制定された大韓民国刑法では、第32章に強かん罪についての言及がある。「貞操に関する罪」という章だ。つまり、強かん罪の保護法益は「貞操権」ということだ。強かんは品性ある婦女子であれば誰もが持つ「貞操を守る権利（かつ義務）」を侵害するので犯罪になるということだ。

貞操とはいったい何だろう。辞書には「貞節と純潔」と書かれているが、実際は女性が生涯のうち一人の男性、つまり結婚した夫とだけ性的関係を結ぶという意味だ。結局、女性が貞操を守るということは、女として生まれ女として育ち、結婚するまでは未来の夫に捧げる貞操を守り、結婚したあとは夫に捧げた貞操を死ぬまで守るということだ。

万人は平等であるという原則を憲法に刻んだ近代国家であっても、「貞操」だけは捨てることができなかった。国家がどれだけ男性中心的なのかを示していると言えるだろう。時代が変わっても、性犯罪に関する新たなアイディアは出てこなかった。男の性行動が自由であるほど、女性の性行動は不自由でなければならない。国家が貞操を重要視するのは、女性が産んだ子どもの父親を明確にするためだ。これは父親を探し出して養育費を支払わせるためではなく、そうしなければ家系が父系血統で安定的に継承されているという幻想を維持できないからだ。だから、貞操を捨てるより自死を選ぶような女性を「烈女」と称賛する強い性的純潔主義文化は、絶対に女性たちを暴力から守らない。

たとえば李氏朝鮮では、夫以外の男性と姦淫したとされる女性の名前を「遊女籍」という帳簿に記録していた。また、3回以上再婚したり姦淫した両班（リャンバン）の女性の名前は「恣女（チャニョ）案」という帳簿に記録され、国家によって管理されていた。以前の身分が何であれ、一度でも「遊女」や「恣女」として登録された女性は、奴婢（ノビ）や娼妓として生きていくしかなかった。ちなみに、姦淫があったかどうかを確認する方法はなかったので、嘘の噂を流すだけでも遊女や恣女を生み出すことができた。腐敗した官吏は自分の利益のため、思うがままに村の女性を遊女に仕立て、官婢〔官庁の女中〕としてこき使って搾取した。

時代が変わったにもかかわらず、李氏朝鮮時代のように女性の安全や生命、人生を貞操が左右してはならない。女性運動はこのような現実に対して問題提起するため、新たな概念の必要性を主張して闘い始めた。フェミニズム視点の議論がアメリカで始まったのが1970年代とすると、韓国で本格化したのは1980年代末からと言える。きっかけとなったのは、1988年、強かんしようとした男性の舌をかみちぎったという理由で被害女性のほうが処罰を受けた事件だった。(7) 1991年には、子どものころ自分を強かんした加害者と21年ぶりに会った女性が加害者を殺害する事件が起きた。裁判の過程で、性暴力被害者であり殺人の加害者でもあるその女性は「私は人ではなく獣を殺した」と絶叫した。この言葉は当時の社会に大きな衝撃を与えた。そして女性団体は性暴力に対する社会的関心が急速に広がった機会を見逃さなかった。1991年8月に「性暴力特別法制定推進委員会」が結成され、法律制定のための活動が展開された。

貞操権を超えて性的自己決定権へ

反性暴力運動家は、性暴力を取り扱う法を変えるためには、刑法上の保護法益から変える必要があることを理解していた。既存の保護法益の貞操権に代わる、新たな概念が必要だった。そこで生み出されたのが「性的自己決定権」だ。

「性的自己決定権」について韓国法曹界で初めて公式の言及があったのは、1990年、姦通罪の違憲判断に対する憲法訴願（1990年9月10日判決）の中でだった。憲法裁判所は判決文で「個人の人格権・幸福追求権は、個人の自己運命決定権［韓国憲法で保障する自己決定権の根拠となる権利］が前提となるものであり、この自己運命決定権には、性行為の有無及びその相手方を決められる性的自己決定権が含まれる」と適示した。(8)「あらゆる国民は人間としての尊厳と価値を持ち、幸福を追求する権利を持つ」ことをうたう憲法第10条1項の意味について、憲法裁判所が具体的に規定したということだ。幸福を追求することは、自分の生を自分の意思に基づいて主導する自律的主体として尊重されることだ。誰もが自分の人生の主体として、愛・恋愛・結婚・性的関係をいつ・誰と・どのように結ぶか、あるいは結ばないかを、他人に干渉されることなく自ら決定する権利を持つということだ。これこそまさに「性的自己決定権」だ。[9]

その後の1994年1月、反性暴力運動の努力が実り、「性暴力犯罪の処罰及び被害者保護等に関する法律」が制定され、その年の12月にはついに刑法が改正された。もともとの目標は「性的自己決定権の侵害に関する罪」という正確な表現だったが、法曹界は権利の明確化を渋った。その結果、刑法第32章の名称は「貞操に関する罪」から「強かんと強制わいせつの罪」と多少あいまいな形で変化した。

女性学者シン・サンスクは、1990年代の女性運動が性暴力を「性的自己決定権の侵害」として定義しようと試み、そのうえで期待した効果は二つあったと指摘する。一つ目は「貞操の罪」という伝統的な枠組みと断絶させることによって、家父長主義的な意味構成を解体しようとした点、二つ目は強かんや強制わいせつにとどまらず、性暴力の適用範囲をさらに拡大させるための事前作業だったという点だ。[10] これら二つの目標は残念なことに今も有効だ。刑法学者は、保護法益は1995年以降に貞操から性的自己決定権へと変わったと主張するが、刑法第297条において強かん罪の客体が「婦女」から「人」に変わったのは2013年度のことだ（2012年12月改正、2013年6月施行）。強かん罪の被害者として認められる範囲を「女性」にだけ限定した法が消滅したのはたった数年前のことなのだ。こうした理由から、法律の中から「貞操」という単語は消えたものの、今も「守るべき貞操がある女性」だけを保護するという旧態依然から抜け出せているわけではないと言える。今も多くの人が、女性にとっての性的自己決定権は「貞操を守ると自ら決定する権利」だと、元の言葉を少し長くした程度にしか理解していないと思われる。

誰のための「抵抗」か

韓国刑法第32章は、抵抗できないほど強力な力を行使して女性の性器に男性の性器を挿入した場合、より正確には膣にペニスを挿入した場合だけを「強かん罪」と規定している。法は二つの点のみに関心を持つ。一つ目は被害者が明確に強く拒否したかどうか、二つ目は加害者が被害者を妊娠させる可能性のある行為をしたかどうかだ。そして抵抗の有無によって強かんと準強かん、妊娠可能性の有無によって「強かん」と「強制わいせつ」と罪名を分けている。2013年になってやっと、妊娠可能性のない強制的性暴力のうちの一部に「類似強かん」という罪名がつき、他の強制わいせつと区分された。しかし法は依然として、被害者が実際に被った被害自体には別段関心がないようだ。(11)

法は、加害者が犯罪を起こさないためにどんな努力をしたか、同意を得るためにどんな努力をしたかについては関心がない。それよりも、被害者が加害者を諦めさせるほど抵抗、拒否したかどうかを重要視している。その理由は何か。この問いに対する苦し紛れの回答を、「犯罪成立の例外規定」として被害者の承諾について言及している刑法第24条から探すことができる。「処分可能な者の承諾によってその法益を毀損する行為は、法律に特別の規定がない限り罰さない」。この条文によれば、強かん罪において、被害者が貞操を守るために十分努力しなかった場合には、加害者が貞操を侵害したのではなく、被害者が自らの貞操を「譲渡」したので犯罪にはならないと解釈される。

そのため、刑法第24条の「承諾」をどう解釈するのかが争点になる。性暴力事件には、事件が主に二人しかいない空間で起こるということと、そのため証人がおらず証拠もないことが多いという特性がある。そのため裁判所は、「承諾を得た」と主張する加害者の証言と「承諾していない」と主張する被害者の証言について、正確な真実を把握することは困難であると考える。だから、承諾の有無に関する合理的判断の根拠を「明らかに抵抗困難なほどの暴行や脅迫」に求めているのだ。被害者は最後まで拒否し抵抗したにもかかわらず、加害者がさらに強く制圧した場合に、被害者が何としてでも守ろうとした「貞操」を加害者が明白に侵害したと考えるのだ。

ここで春香（チュニャン）のケースについてもう一度考えてみよう。春香は刑具をつけられ、公衆の面前でむち打たれていた。首切り役人が春香のまわりで剣舞を舞い、処刑の合図を今か今かと待っている。このような状況から、私たちは春香に「明らかに抵抗困難なほどの暴行」が加えられていたことを認定できる。では、卞学道（ピョン・ハット）が春香を官庁に呼び、誰にも見られないように自分の部屋に入れた場合はどうだろう。春香を部屋に座らせ、何度か頬をぶち、怒鳴りつける。春香も最初は拒否していたが、卞学道の暴力があまりにもひどく、疲弊して、結局夜伽を務めると言う。その直後に登場した暗行御史（アメンオサ）に対し、春香（チュニャン）が卞学道（ピョン・ハット）を性暴力で告発したらどうなるか。抵抗を基準とする現行法の法解釈によれば、卞学道は無罪になる。抗拒不能なほどの脅迫があったとみなすことができないからだ。(12) しかし、ここで法は一つ重要なポイントを見逃している。春香が府使の命令を拒否できなかったのは、官庁への召喚命令が最初だった。つまり抗拒不能性は、卞学道が春香に性的要求をした瞬間ではなく、それ以前から存在していたということだ。卞学道は春香にこうした状況を強要できる力を持っていた。この力こそ紛れもない「威力」だ。

家父長制が生み出した強力な貞操イデオロギーの前提となるのは、女性であれば誰もがありったけの力で望まない性的関係を拒否するはずだという認識だ。まるで機械のスイッチのように、貞操を守ろうとする本能が作動するとでも思っているようだ。だから法は、拒否行動は反射的であるはずだし、同意は沈黙によっても表現されると理解し、抗拒不能性を過度に狭く解釈している。

「拒否する」という言葉は、自己の強力な意思の現れと認識されるかもしれない。しかし、より正確に言うと、拒否する行為というのは相手の意思に反する行為だ。そうだとすると、当然のごとく、自分は今相手の意思を曲げることができるのか、相手の意思に逆らったときに別の危険が生じないかなどといったことを推し量り判断する必要が出てくる。慎重な判断をするためには時間の余裕も十分確保されなければならない。どんな選択をしても自分は安全であるという保障も必要だ。このような条件が成立しないのであれば、「相手の強力な意思」それ自体が被害者が感じる脅威となる。

承諾は相手の要請を聞き入れるという意味であって、同意ではない。先述のとおり、安熙正(アン・フィジョン)事件の一審裁判所もこの点については認識していたようだ。判決文の中で「被害者の内心に反していたとしても」という表現を使ったということは、少なくとも同意はしていなかったことを認めたのだ。ただし、仮に被害者が望んでいなかったとしても、相手の意思を捻じ曲げるほど抵抗したわけではないので、法はキム・ジウンを被害者として認めなかったのだ。いったいなぜ、被害者に命をかけた抵抗を求めるのだろう。誰のためなのか、何のためなのか、とうてい理解できない。また、法は被害者に対して強い抵抗を求めておきながら、被害者が人生と命をかけ、声を振り絞って被害事実を告発したときには、その抵抗を抵抗として認定しない。拒否することが不可能な状況に相手を陥れたのはなぜかと、加害者に問うべきではないだろうか。力を行使した者の無責任な行動を問わないのはなぜか。

性暴力事件を解釈するときに「抵抗」の有無が基準になるのは、被害者ではなくむしろ加害者のための保護装置になりやすい。では「同意」を基準にすればよいのだろうか。そうすれば、法は性的自己決定権をきちんと保護するだろうか。それは違う。ここでも私たちは一つの罠(わな)を避けて通る必要がある。

「同意」に必要なのは「拒否する権利」ではない

2014年に起きたある事件を紹介したい。加害者は、自分が経営する店の男性従業員とその恋人と一緒にお酒を飲み、酔った二人を自宅に泊まらせた。加害者は男性従業員の恋人がかぶっていた掛布団をめくって彼女が眠っていることを確認すると、被害者の体をまさぐった。そのとき男性従業員が目を覚まし、加害者はあわてて部屋を出ていった。この事件において、被害者が身体接触を望んでいなかったことは明らかだ。しかし驚くべきことに、一審、二審だけでなく、大法院でも加害者に対して無罪判決が言い渡された。その根拠となったのは、「加害者は恋人の職場の上司だから、恋人に何か不利なことがあってはいけないと思い、寝たふりをしていた」という被害者の発言だった。裁判所は、被害者は寝ているふりをしていただけで実際には目が覚めた状態だったので、抗拒不能な状態であったとは認定できず、準強制わいせつは成立しないと判断した。また、加害者の脅迫や暴力もなかったため、類似強かんも成立しないとした。

　実際に被害者は寝ているふりをしていたので、抵抗がなかったことは明白だ。その一方で、加害者が被害者に同意を求めなかったことも明白である。明確な同意のプロセスがない中で、拒否を選択することなどできない。それにもかかわらず、法は明示的な拒否の意思表示を基準にしているのだ。

　「性的自己決定権」は同意と拒否のうちどちらかを選択することだと誤解している人が多い。被害者は、最初から同意か拒否を選択せざるをえない状況そのものを望んでいない。たとえば、夜伽を拒否した春香（チュニャン）を卞学道（ピョン・ハット）が素直に家に帰したとする。このとき、私たちは卞学道を寛容なよい男と称賛すべきだろうか。また、春香は拒否することができたので、性的自己決定権を明確に行使できたものとみなすべきだろうか。被害者にならないためには加害者に対してはっきりと拒否の意思を示すこと、と教育すべきだろうか。

繰り返し強調していることだが、性暴力は卞学道が「夜伽を求めるつもり」で春香を無理やり官庁に呼び出したときからすでに始まっている。先述の２０１４年の事件も、加害者が被害者の体を触ろうとして、被害者が眠っているのを確認するために掛布団をめくったところから性暴力が始まっている。法は暴力の開始時点をしっかり感知しなければならない。

性的自己決定権はよく「望まない性的関係を拒否する権利」と説明されるが、このような説明の仕方が誤解を生んだとも言えるだろう。拒否しなかったということはあなたも望んでいたのではないか、望まない行為をなぜ拒否しなかったのかと問う人があまりにも多い。彼らは、権利があるにもかかわらず、なぜその権利を行使しなかったのか、その理由を知りたがる。逆説的ではあるが、誰にでも「拒否する権利」があるという言葉は、誰もが「相手の拒否を受け入れる義務」を持っているという意味でもある。「お前ごときが俺を拒否するのか」という言葉は、そもそも検討する余地すらない。拒否は、相手との断絶を意味するのではなく、意思表現であり、相手とのコミュニケーションの過程である。被害者に対する「なぜ拒否しなかったのか」という質問を、加害者に対する「拒否される可能性も念頭に置いて行動したのか」という質問に転換する必要があるだろう。

＃ＭｅＴｏｏに不満がある人は、これからは恋人の手をつなぐときもいちいち確認する必要があるのか、と聞く。怖くて恋ができなくなってしまうと言う人もいる。彼らは、恋人や夫婦であってもそれぞれの性的自己決定権を尊重しなければならないという言葉の真の意味をわかっていない。聞かないことが性的自己決定権を侵害するのではない。性的自己決定権の侵害は、相手の気持ちや状態に関心を持たずに行動するから起きるのだ。

それに、「聞くこと=同意のプロセス」ではない。日常生活の中で自分が本当に何を望んでいるのかをはっきりと判断するのは難しい。私たちはそのことを認めなければならない。どんな言葉で、どう行動すれば、それが相手に拒否として伝わるのか推し量るのも容易なことではない。常に迅速に、明確に何かを判断することはできない。迷いが生じることもあるし、自分が心から望むものは何なのかわからないときもある。だからこそ、親しい間柄で起こる同意のない性的関係では物理的暴力が動員されないことが多いのだ。つまり、お互いのことをよく知っているという事実が脅威になるのだ。夫や恋人は、強引さをロマンや愛情と勘違いして、より図々しく性的関係を要求したりもする。「やめてほしい」と言ったら「僕のことを愛していないのか」と疑われてしまいそうで、本当は性的関係を結びたくないが拒否できないケースもある。

このように、同意や拒否こそが性的自己決定権だと誤用される懸念があるため、女性学者の鄭喜鎭(チョン・フィジン)は、個人の決定は「社会または相手方との相互作用や社会的文脈の中で形成される」という事実を看過すべきでないと強調している。[13] 法学者のパク・チョンソンも同様に、「承諾に関する審議の合理的判断は、自由主義法体制下における性別不平等な構造を反映する必要がある」と述べている。[14] 両者とも、男女に対して異なる形で作用する社会の性規範が承諾の形式そのものにも影響を与えるという点を法が考慮しないのであれば、結局事件は男性中心的に解釈されると警告しているのだ。

アメリカのニューヨーク州、ワシントン州など一部の州では、法廷で被害者が同意したかどうかを証明するのではなく、加害者が被害者から明示的な同意を得たかどうかを証明する必要がある。被害者が自由な意思決定をできたか、そのために加害者が被害者を尊重したかどうかが中心的に判断される。日本では、妊娠可能性を懸念した被害者がいっそ同意してコンドームをつけてもらったほうがよいと判断し性交に応じた事件や、今要求に応じないのであれば輪姦すると脅迫され、輪姦されないために性交に応じた事件があったが、すべて強かんとして有罪判決が言い渡された。[15] 被害者が同意したからといってそれを無条件に合意とみなすのではなく、強制的な同意だったかどうかといった文脈まで含めて考慮しているのだ。

権金炫怜（クォン・キム・ヒョニョン）は、セックスは性的欲望を「解消」することではなく、性的欲望を「追求」することだと指摘している。[16] このような観点は、加害者を中心に性暴力を理解しようとする者に対して有効な認識の転換となる。性的欲望の解消という見方は、セックスを蓄積物を解消するための生理現象と合理化し、加害者は本能に従って欲望を解消しただけだという言説を成立させてしまう。また、男性は性的欲望が強く女性は弱いという固定観念もはたらいている。だから、女が先に誘惑した場合、男は当然それに乗るしかないし、女が積極的に拒否しないのであれば、男は同意を得たと勘違いせざるをえないと考える。そうすると、加害者ではなく、被害者が被害当時にどんな服を着ていたのか、なぜ一緒にお酒を飲むことになったのか、なぜホテルまでついて行ったのかといった点にばかり焦点が向けられ、先に積極的に意思表示をしなかっただけで内心では欲望を解消したかったのではないかと言われて被害者が追いつめられることになる。しかし、セックスを「追求」行為として捉えると話は変わってくる。私たちは加害者が何を望んでいたのか、何を得ようとしてそのような行動に及んだのかを問うことができる。

おわりに

性的自己決定権は、人間であれば誰もが持つ尊厳ある権利であり、国家が保障すべき国民の基本権だ。性的自己決定権は、性暴力問題において保護法益の役割を果たす以外にも、人生を設計していくための主体性を認めるという点で、自己と他者の生に対する理解を広げるうえでも重要な概念だ。そのため、これからより多くの議論や討論を蓄積していく必要があるが、残念なことに「性的自己決定権」は「身体に対する自己コントロール」や「身体に対する権利」程度に矮小化されている場合が多い。特に若い女性を対象にした性教育プログラムの中で、「自分の体の主は自分」であることをはっきりと認識することが性的自己決定権であり、望まない性的関係を求められた場合に断固として拒否することがその権利を行使することで、性的自己決定権の使い方を誤った場合「妊娠」という困難な結果が生じると、まるで因果応報のような教え方をしているケースが多い。このような教育は、「純潔」という単語を使っていないだけで、性的自己決定権を貞操権と同じ意味で捉えていると言える。自分の体を守る責任を女性にだけ負わせるという点が共通しているからだ。

権利を守って損をしないように、という教育ではなく、人が関わりあって生きていく世の中で、相手の性的自己決定権を尊重し、自分の性的自己決定権を尊重してもらう方法を教えることが切実に求められる。最近懸念されているのは、教育部が２０１７年に「性教育標準案」の教師用指導案を修正し、青少年に対して「性的自己決定権」について言及することを禁止したことだ。青少年が性的自己決定権をセックスする権利と誤解し、危険な性行為をしてふしだらになるかもしれないという懸念のためだ。私は教育部のほうがよっぽど心配だ。教育部こそ、性的自己決定権に関して大きな誤解をしている。性的自己決定権は国民の厳かな基本権だ。教えたらふしだらになるから教えない、などということが通用してはならない。

むしろ、青少年の時期からより活発な議論を行うべきだろう。自己決定権の核心の一つは、「他人の干渉なしに」自分で自由に決めることだ。そうするために、私たちは他人の干渉がどのように作動するのかを検討できなければならない。コミュニケーションは円滑だったか、どんなニュアンスが含まれていたか、選択のための時間は十分確保されていたか、選択したあとに他の不利益について懸念する必要はなかったかなどの要素がすべて含まれる。また、干渉と干渉以外のものを区分し、「自由な選択」が何を意味するのかも理解しなければならない。誰から、何から自由な決定をするのか、自由な選択ができない場合、その妨害要因は何なのか、選択に基づく結果は何で、その結果にどんな責任が伴うのかを考えて準備する必要がある。これが「性的自己決定能力」だ。教育部は青少年の性的主体性を無視して権利を教えないのではなく、性的自己決定能力を向上させるために努力すべきだ。

小説の中の春香（チュニャン）がタイムマシンに乗って21世紀に来たとして、春香は過去と比べて確実に世の中が変わっていると感じるだろうか。貞操を守るという言葉以外に自分のアイデンティティと意思を表明できなかった春香は、おそらくこう言うのではないか。一人の人間が社会の中で性的主体として尊重されるということは、単にセックスをするかどうかの問題ではなく、自分の生を自分が望む姿にしていくことなのだと。性暴力はセックスを強制する暴力であるだけでなく、相手の主体的な生を尊重しない暴力でもあるのだと。『春香伝』を純潔と貞操を守ろうとした女性の感動ストーリーとして読むのはもうやめてほしいと。烈女になんてなりたくなかったと。自分のように命を危険にさらして追いつめられる女性がこれ以上現れないことを心から望んでいると。女性の「性」を守る社会ではなく、人の「生」を守る社会を求めているのだと。

〔注〕

（1）裁判所が非公開決定を出したため一審の判決文を公式に引用することはできないが、判決の朗読を現場で直接聞いていた記者の記録、人権団体の声明書、そして非公式で判決文を確認した人々の文章を総合すると、このように要約することができる。

(2)「全国性暴力相談所協議会」をはじめとする153の団体で構成されている。

(3)キム・ジュドク「曖昧な性的自己決定権の範囲と限界」『朝鮮日報』2018年4月11日付。

(4)『妓瓊春(キョンチュン)伝』は1820年、洪直弼(ホン・ジッピル)が寧越(ヨンウォル)を遊覧した際に瓊春の碑文を見て執筆した書物。瓊春は寧越の府使李萬恢(イ・マネ)に愛され、瓊春自身も彼に心を許した。しかし、李萬恢は任期を終えて寧越を去ってしまった。瓊春はその後新たに赴任してきた府使に夜伽を強要されるも、これを拒絶した。最初は甘言で瓊春を説得しようとしていた府使だったが、いつまでたっても首を縦に振らない瓊春にしびれを切らし、彼女をむちで打った。あまりにもひどく打たれたので、瓊春の脚からは血が流れた。瓊春はもうこれ以上府使から逃れることはできないと考え、川に身を投げた。

(5)筆者が『春香伝』を通じて性的自己決定権の説明を試みたのは、2006年が最初だった。『フェミニズム学校に「行く」』(韓国女性民友会編、チソンサ、2018年)に掲載された「フェミニズム認識論、セクシュアリティ―自己決定の哲学」という文章の中でも、一部ではあるが言及したことがある。これと同じような観点で、権金炫怜(クォン・キム・ヒョニョン)は、烈女の言説を中心に『春香伝』を解釈した文章を発表している。権金炫怜「韓国の性文化と性の議論」『韓国両性平等振興教育院基本過程資料集』(未発行)、2016年。

(6)李夢龍(リ・モンリョン)は、漢陽(ハニャン)で両班(リャンバン)の女性と正式に結婚したあと、春香を妾として呼び寄せて一生を共にすると約束し出発する。

(7)20代の男性2名が、帰宅中の30代女性を路地に連れ込んで性的暴行を加えようとした。無理やりキスをされた被害者は、これに抵抗して相手の舌の一部をかみちぎった。加害者が被害者を告訴したところ、一審裁判所は被害者の行動は「過剰防衛」だったとして、女性に有罪判決を言い渡した。それだけでなく、被害者の結婚生活が円満ではなかったことや、事件当時飲酒をしていた事実をもって、加害者ではなく被害者のほうを不道徳な人間に仕立て上げようとした。このような裁判所の姿勢に対して女性たちから猛反発が起こり、二審、三審では無罪判決が言い渡された。１９９０年にこの事件を題材にした『ただあなたが女性であるという理由だけで』という映画が制作されるほど、社会的関心の高い事件だった。

（8）１９９０年当時の憲法裁判所は、国家が姦通を犯罪として規定することが国民の性的自己決定権を侵害する恐れがあるとしても、憲法第37条2項に基づき、秩序の維持と公共の福利のために不可避な場合、法律として基本権を制限できるとして、６：３で合憲決定を出した。姦通罪の違憲性を審議する裁判はその後3回行われ、２０１５年2月に違憲性が認められたことでついに廃止された。

（9）１９９０年以降、性的自己決定権は重要な権利概念として認識されている。同姓同本禁婚法［同じ姓、同じ本貫の結婚を禁じる法。本貫とは、家系の発祥地や宗族そのものを表す概念で、朝鮮半島においては「本貫と姓」の組み合わせで一つの宗族が弁別される］（１９９７年）、婚姻憑藉姦淫罪［結婚を口実に性的関係を持つこと］（２００９年）、姦通罪（２０１５年）の違憲判決が出たときに根拠となったのもやはり性的自己決定権だった。２００４年には妻に強制わいせつをはたらいた夫に対してソウル中央地方裁判所が有罪判決を言い渡し、２０１３年には大法院で妻に対する強かんが最終的に認められたが、これらの判決において主要な根拠となったのも性的自己決定権の侵害だった。また、「同性愛を助長する」という文言を青少年有害コンテンツの審議基準に含むことは性的自己決定権を侵害するもので違憲の可能性があるとして、２００３年に行政法院の判決が下された。

（10）シン・サンスク「性暴力の意味構成と『性的自己決定権』のジレンマ」『女性と社会』第13号、韓国女性研究所、２００１年、６～43ページ。

（11）被害者が強く抵抗したにもかかわらず膣内にペニスを挿入した場合を「強かん」、被害者が泥酔、気絶または深く眠っていて抵抗できない状態で膣内にペニスを挿入した場合を「準強かん」、被害者が抵抗したにもかかわらず加害者がペニスを（膣ではない）口腔や肛門に挿入した場合や、被害者の膣内に（ペニスではない）指や他の物を挿入した場合を「類似強かん」と分類する。性器の挿入以外の行為はすべてわいせつ行為として分類される。わいせつ行為はさらに、上記の基準に基づいて、強制わいせつ、準強制わいせつに区分される。２０１２年12月に刑法が改正される前まで、類似強かんは強制わいせつに含まれていた。つまり、ペニスを膣に挿入しない場合は強かんとみなされず、より軽い処罰が可能だったということだ。

(12) 釜山(プサン)高等法院は2004年、知的障害1級の17歳の女性を強かんした加害者に無罪を言い渡した。裁判所は、被害者には知的障害があるものの、7～8歳程度の知能は有しているとして、被害者には自らの身体を調節する能力があり、加害者が村の会館で被害者の頬を殴って服を脱げと脅迫したことだけをもって被害者が抗拒不能の状態であったとみなすことはできないと判断した。

(13) 鄭喜鎮(チョン・フィジン)「性的自己決定権を越えて」ピョン・ヘジョン編『セクシュアリティ講義、2回目』トンニョク、2006年、244ページ。

(14) パク・チョンソン「女性の性的自己決定権に対する刑法的議論――被害者の承諾を中心に」『OUGHTOPIA』第26巻第2号、キョンフィ大学校人類社会再建研究院、2011年、67～95ページ。

(15) 日本では1970年代にこのような判決が出ていた(パク・チョンソン、前掲論文)〔ただし、性犯罪に関する日本の司法が韓国と比べて公正と言うことはできない。2019年3月には4件の性暴力被害に関する訴訟で無罪判決が下された。そのうち娘が実父から性暴力を受けていた事件では、性交の事実や、抵抗する被害者に被告人が暴行を加えていた事実が認められたにもかかわらず、被害者が抗拒不能状態だったとするには合理的な疑いが残るとして、無罪が言い渡された(2020年3月の控訴審で有罪判決)。ジャーナリスト伊藤詩織氏が元TBS記者山口敬之を性暴力で訴えた事件も刑事手続きで不起訴になっている(2019年12月の民事訴訟で勝訴)〕。

(16) 権金炫怜(クォン・キム・ヒョニョン)「性暴力二次加害と被害者中心主義の問題」権金炫怜編『被害と加害のフェミニズム』キョヤンイン、2018年。

ジェンダー概念と
ジェンダー暴力

ルイン
Ruin

トランスジェンダー・クィアの視角で見たジェンダー暴力[1]の意味

本稿は、#MeToo運動に関し、ジェンダーおよびジェンダー暴力の概念に関する韓国社会の混乱と「誤解」をトランスジェンダー・クィア[2]の視点から分析しようとするものだ。トランスジェンダー・クィアの経験からジェンダー概念を見つめる作業は、トランスジェンダー・クィアの生を可視化し、既存のジェンダー概念の構成過程で何が排除されているのかを探し、同時にジェンダー暴力の概念がどのように縮小し歪曲されるのかを明らかにするという点で重要な意味がある。このような作業を通じて、非トランスジェンダー中心に構成されたフェミニズムの限界を見つめ、同時にトランスジェンダー・クィアの政治学とフェミニズム政治学は決して別個の問題ではないことを主張しようと思う。

異性愛を中心にした両性平等のフェミニズム[3]は、多様なジェンダー・カテゴリーを排除するだけでなく、伝統的な意味での女性に対する暴力（gender based violence, violence against women）を分析するときにも限界を持つ。韓国社会では、１９８０年から女性に対する暴力に反対する運動が始まった。この運動は多くの成果を生み出したが、「ジェンダー」「ジェンダー暴力」という概念は今も議論の渦中にある。フェミニズムの内部でもこの点に関する問題提起や研究は活発ではないという実情があり、これは最近一部のフェミニストがあらわにした性的少数者嫌悪を生んだ背景でもある。

現在広く使用されているジェンダー暴力の概念は、ジェンダーを男性と女性という性別二元論で理解したものだ。しかしジェンダーは、男性と女性の関係として理解されるより、「女の問題」または「女性問題」と認識されることのほうが多い。#ＭｅＴｏｏ運動が大衆化してから男性による激しい反発が起こったのも、このことをよく示す現象と言える。最近さまざまな性暴力事件が明るみに出ているが、すべての加害者、被害者が男女の異性愛関係の中で発生しているわけではない。「同性」間の性暴力事件はもちろんのこと、トランスジェンダー・クィアと非トランス間の性暴力事件についても、フェイスブックやツイッターなどのＳＮＳ（ソーシャル・ネットワーク・サービス）上でたびたび言及されている。

現在の韓国社会におけるトランスジェンダー・クィアの問題とフェミニズムの問題は、ごく少数[4]を除いて、別個のものとして取り扱われる傾向がある。トランスジェンダー・クィアとフェミニズムを分離して思考するフェミニズムの立場では、トランスジェンダー・クィアについてはそもそも議論されなかったり、あるいは議論の末尾で申し訳程度に言及されるくらいだ。つまり、トランスジェンダー・クィアの政治学はフェミニズム自体を再構成する問題として認識されていないのだ。

ほとんどのフェミニズム議論の中で、非異性愛関係から発生する性暴力事件やトランスジェンダー・クィアが含まれた性暴力事件について言及するのが困難な理由は、フェミニズムが異性愛規範性（異性愛関係を基本の土台として構築した社会秩序）と非トランス規範性（非トランスを人間の基本値として規定する社会秩序）を前提にしているからだ。しかし、性暴力やジェンダー暴力において（そして他の多くの問題において)、トランスジェンダー・クィアの政治学とフェミニズム政治学は決して別個のものとして論じることはできない問題だ。本稿ではこの点を明らかにしていきたいと思う。フェミニズム議論においてトランスジェンダー・クィアを論じる作業と、トランスジェンダー・クィアの議論においてフェミニズムを論じる作業は、フェミニズムとトランスジェンダー・クィアの政治学の関係を再定義する。

本稿は、韓国フェミニズムにおいて主に議論されてきた性暴力の概念について、その論争の延長線上でトランスジェンダー・クィアが受ける暴力を見つめながら、ジェンダー暴力の概念を再構成しようとするものだ。トランスジェンダー・クィアが受ける暴力被害をフェミニズムのジェンダー暴力概念の中に含むべきという議論ではない。その代わりに、ジェンダー暴力の概念自体を再構成することで、トランスジェンダー・クィアと非トランスを横断するジェンダー暴力概念を模索しようとするものだ。

性暴力をジェンダー暴力として解釈するため、まずはセックス－ジェンダーという考え方について再検討する。セックスとジェンダーの関係は偶然／偶発／付随（contingency）的であるという主張にはもう慣れてしまったが、日常や言説的実践において完全に受容されているわけではない。本文では、セックス－ジェンダー概念を必然的関係と理解するとき、あるいは性別二元論的ジェンダーを土台にして議論を展開するとき、トランスジェンダー・クィアの暴力被害がどのようにして当然視されるのかについて説明したいと思う。

その説明を土台にして、ジェンダー暴力（gender violence, gendering violence）という考え方そのものをジェンダーを体得する過程として再解釈し、トランスジェンダー・クィアや非トランスが受ける暴力をその連続線上に配置する。これらの作業は、韓国において少しずつ議論されつつあるトランス・フェミニズムを模索するものでもある。

「ブランドン・ティーナ／ティーナ・ブランドン」のカテゴリーを取り巻く論争

キンバリー・ピアース監督、ヒラリー・スワンク主演の『ボーイズ・ドント・クライ（Boy's Don't Cry）』（1999年）は、クィアに対するヘイトクライムを描いた映画として知られている。映画の主人公であり実在の人物でもあったブランドン・ティーナ／ティーナ・ブランドンは、男性ジェンダーとして社会生活を送りながら、友人や恋人と交際していた。恋人を含む周囲の人々は皆、ブランドン・ティーナ／ティーナ・ブランドンを男性と認識して疑わなかった。ところが、二人の友人が偶然ブランドン・ティーナ／ティーナ・ブランドンの出生時の記録を目にし、ブランドン・ティーナ／ティーナ・ブランドンが女性として出生していた事実を知ることになった。この出来事がきっかけとなり、彼らの関係は破局を迎えた。友人であった二人の加害者は、ブランドン・ティーナ／ティーナ・ブランドンが女であるという事実を当事者や周囲の人々に明かそうとして、無理やり服を脱がせ、外性器を露出させた。その後二人の加害者は、ブランドン・ティーナ／ティーナ・ブランドンを強かんして殺害した。

ブランドン・ティーナ／ティーナ・ブランドンのジェンダー・カテゴリーは、解釈する者の立場によってそれぞれ異なる言葉で命名された。リキ・ウィルキンズ（Riki Anne Wilchins）は、トランスジェンダー、またはトランス・セクシュアルと呼び、スーザン・ストライカー（Susan Stryker）は異性愛－性別二元論的ジェンダーにあてはまらない者を包括する意味でトランスジェンダーと命名した。ジェイ・プロッサー（Jay Prosser）は、ブランドン・ティーナ／ティーナ・ブランドンは男性として生きてきたトランスジェンダーであるとしてＦｔＭ（female-to-male）／トランス男性にはっきりと分類し、この事件をトランスジェンダーに対するヘイトクライムと説明した。一方、ヒダー・フィンドレイは彼の外性器が女性型であるという点を根拠にして、「美男子の隣人が……実際には女性」であったと主張し、ドナ・ミンコビッチは彼は男性として生きた女性だとして、レズビアン嫌悪を内面化したブッチ［男性的特徴、行動、スタイル、自己認識を持つレズビアン］だと主張した。(5)

ブランドン・ティーナ／ティーナ・ブランドン事件をトランスジェンダー・クィアに対するヘイトクライムと命名するのか、レズビアンに対するヘイトクライムと命名するのか、女性に対するヘイトクライムと命名するのかによって、ブランドン・ティーナ／ティーナ・ブランドンはそれぞれ異なるカテゴリーに分類された。トランス・セクシュアル、トランスジェンダー、ＦｔＭ／トランス男性、ブッチ・レズビアン、（非トランス）女性といった命名は、すべて事後解釈、つまり当事者の考えは関係なく、他人がそれぞれ自分の欲望に基づいて分類したカテゴリーだった。

本稿の目的は、この事件について正式な命名をすることではない。本稿の関心は、ブランドン・ティーナ／ティーナ・ブランドンの「ジェンダー表現」と「生まれたときに割り当てられたセックス―ジェンダー・カテゴリー」の「不一致」がヘイトクライムを引き起こし、カテゴリーの命名を取り巻く論争を発生させたことにある。私は、外性器の形態がジェンダーを確定する根拠として使用されただけでなく、嫌悪の根拠としても使用された事実に関心を持っている。事件の加害者と、ブランドン・ティーナ／ティーナ・ブランドンのカテゴリー解釈を試みた一部の者は、「女性型の外性器」を証拠としてブランドン・ティーナ／ティーナ・ブランドンを女性と断言した。外性器の形態はジェンダーを確認・確定するうえで最大の根拠とみなされ、外性器の形態とジェンダーの「不一致」は論争を呼び、時に暴力発生の原因になる。そうだとすると、生まれたときに割り当てられたジェンダーで生きていくことと、生まれたときに割り当てられなかったジェンダーで生きていくことは、個人の生にどんな影響を与えるのか。また、彼らが社会の適切で適法な構成員として生きていくにあたってどんな影響をおよぼすのか。

ブランドン・ティーナ／ティーナ・ブランドンが被ったような犯罪被害は、長きにわたって世界中で広範囲に存在してきた。ここで、韓国で２０１０年に発生した事件について紹介したいと思う。

慶尚北道慶山（キョンサンブット・キョンサン）警察署は28日、交際相手がトランスジェンダーであることを交際後に知って激昂し殺害した嫌疑（殺人）で、朴（パク）被疑者（24歳）に対して拘束令状を申請した。警察によると、朴被疑者は去る23日の午後、大邱市南区のある旅館で交際相手の金被害者（24歳）と口論になり、金被害者が男であることを知ると、数回暴行を加えたのち、慶山市にある河川の堤防に投げ込み殺害した嫌疑をかけられている。朴被疑者は事件から4年前のアルバイト中に女性のような外見をした金被害者と知り合い、時々デートをする仲になったが、性別を知れるような接触を持ったことはなかったため、相手がトランスジェンダーであることを知らなかったと警察で陳述した（「彼女が男だった？　激昂しトランスジェンダーを殺害」『韓国経済ドットコム』２０１０年5月28日）。

　朴加害者は、金被害者がトランス女性、または生まれたときに男の性を割り当てられた人物だということを「あとから」知って、金被害者を暴行し殺害した。そのため、報道当初からこの事件はトランスジェンダーに対するヘイトクライムとして語られてきた。一方筆者は、この事件をパニック・ディフェンス事件として論じる記事を書いたことがある。(6) もう一度この事件について取り上げたいと思ったのは、この事件がセックスとジェンダーと暴力との関係について議論できる典型的事例だったからだ。

　ブランドン・ティーナ／ティーナ・ブランドンを殺害した二名の加害者は、ブランドン・ティーナ／ティーナ・ブランドンの服を脱がせ、外性器の形態を確認し、ブランドン・ティーナ／ティーナ・ブランドンの「本当の」ジェンダーを知ったと断言した。また、朴加害者は、これまで「性別を知れるような接触は持っていなかった」ため、金被害者のジェンダーがわからなかったと言う。ここで彼の言葉の意味について考えてみたい。個人のジェンダーは、身体接触などがあって初めて知ることができるという意味だろうか。では、私たちが他者のジェンダー・カテゴリーを知れるのはいつだろう。新聞記事によれば、朴加害者は口論の過程で被害者のジェンダー・カテゴリーを知ったそうだ。そうだとするなら、朴加害者と金被害者の間にはデートDVが発生しており、その過程で加害者が被害者の外性器の形態を無理やり「確認」する出来事が発生したと推定せざるをえない。では、他者のジェンダー・カテゴリーを知れるのは、外性器の形態を直接確認したときなのだろうか。よく恋愛関係において「どこまで進んだ?」「やることはやった」「行くところまで行った」といった表現が使われるが、これらはすべて性的関係を結んだことを意味している。これらの言葉は、異性愛者にとっての性的関係は相手が自分の異性、つまり反対の性であることを確認する過程であり、同性愛者にとっての性的関係は相手方が自分と同性であることを確認する過程という意味なのだろうか。

セックス－ジェンダーの必然的関係に対する批判

恋愛で性的関係を重視する韓国文化において、性的関係を「自分と相手のジェンダー・カテゴリーを確認する過程」と表現することには一理があるかもしれない。そうだとすると、ジェンダーは正確にはいつ認識されるのだろう。セックス－ジェンダーという考え方は、私たちが他者を認識する過程でどんな役割をするのだろう。セックスとジェンダーを確認する過程は、暴力加害とどのように緊密につながっているのだろう。これらの問いに対する答えを探すために、まずセックス－ジェンダーという考え方自体について、精緻に分析したいと思う。

セックスとジェンダーを区分してその概念について模索する作業は、西欧の第2波フェミニズムの発達とともに行われてきた。フェミニズムは、女性が受ける抑圧を自然秩序とみなす社会文化的認識に問題提起するため、女性として生まれたからといって女性になるべき理由はないと主張した。このような主張を支える理論的ツールこそ、セックスとジェンダーの区分だ。この公式の核心となるのは、セックス、つまり生物学的身体／性は生まれつきのもので変化しないとしても、ジェンダー、つまり社会的役割、行動様式などは社会文化的に構成されるもので変化可能だとする考え方だ。セックスとジェンダーを区分する公式は、「女性として生まれたからには家事労働をして当然だ」といった抑圧の論理の結びつきを断ち切る役割を果たした。この公式に基づけば、「家事労働をして当然」なのは「女性として生まれた」ことの必然的帰結ではなく、社会文化的実践の効果ということになる。フェミニズムはこの公式によって、女性が受ける抑圧を権力の問題として再構成した。

生物学的に生まれついたことと、社会文化的に構成されることの結びつきを断ち切る戦略は、女性が受ける抑圧を説明するにあたって重要な役割を果たした。しかし、その成果は肯定的なものばかりではなかった。アン・オークレーは、セックスを変化しない器（container）に、ジェンダーを器に入れる内容物にたとえて、セックスとジェンダーの区分について簡潔に説明している。[7] 女性が女性として生まれた事実は変わらないが、どんな社会的役割を付与するのかによって他の性役割を実践する女性になれるという意味だ。オークレー式のセックス－ジェンダー区分は、現在もフェミニズムの中で広く使われている。

しかし、このような区分の仕方は、フェミニズムが問題にしようとした抑圧体系の論理を反復するものである。オークレー式の区分方法は、「自然／非理性／肉体（セックス）」対「文化／理性／精神（ジェンダー）」という二分法の別バージョンだからだ。このような区分自体が、女性をはじめとする社会の非規範的存在を病理化し抑圧する核心論理である。オークレー式のセックス－ジェンダー区分はこの論理を反復しているからこそ問題なのだ。オークレー式のセックス－ジェンダー区分は、既存の支配秩序において「女性」の抑圧を訴えることはできても、抑圧と権力の配置に対する問題提起を不可能にする。抑圧を再生産する論理の枠組みを壊さない限り、誰も「解放」されない。つまりオークレー式のセックス－ジェンダー区分は、主人の道具では主人の家を壊せないにもかかわらず、主人の道具を使って変化を模索しているのと同じことなのだ。[8]

セックスとジェンダーを区分することのもう一つの問題は、ジェンダーは文化的に構成されたものと主張しながら、今でもセックスとジェンダーを必然的関係として仮定している点だ。モニック・ウィティッグをはじめとする一部のフェミニストたちは、セックスとジェンダーを区分する論理は、二つの概念を区分してはいても、二つの概念の結びつきを断ち切ることはできないと1970年代後半から批判している。[9]

つまり、女性として生まれるのではなく女性になるのだと主張しながら、女性のカテゴリーに属する構成員は依然として「生物学的女性」でなければならず、女性として生まれた人は一生女性として生きていくはずだと当然のごとく認識していること自体を問題にしなければならないと主張したのだ。このような問題提起なしにセックスとジェンダーを区分すると、結局ジェンダーも「生物学的に生まれつきのもの」ということにしかならない。そうすると、セックスとジェンダーの概念比較は、生物学的なものと文化的なものの比較なのか、生物学的なものと生物学的なものの比較なのか、文化的なものと文化的なものの比較なのか、文化的なものと生物学的なものの比較なのかわからなくなる。

こうした問題意識に基づき、ジェンダー研究とは単に女性を対象にして女性が受ける抑圧を明らかにする作業ではなく、この社会がどう構造化されたのかを問い、ジェンダー関係を分析し理解する批判研究だと再解釈するフェミニストも現れ始めた[10]。これは、女性と男性というカテゴリーを当然視しないという認識論的転換でもあった。

一方、人間は生物学的に女あるいは男として生まれるという考え方は、別のフェミニスト生物学者やトランスジェンダー・クィア理論家、インターセックス理論家からも批判を受けた。彼らは大きく分けて二つの重要な問題を提起した。一つ目は、人間は二つのうち一つのセックス－ジェンダーとして生まれないということだ[11]。もし人間が女あるいは男という二つのうち一つのセックス－ジェンダーとしてのみ生まれるのであれば、インターセックス（intersex）をはじめとして、性別二元論的セックスのカテゴリーに属さない人間は社会から追放されたり、「変態」とみなされることになる。そして性別二元論的セックスに属さない者は、どちらか一つのセックスに同質化するため、自らの意思と関係なく「自然化／規範化」の手術を受けなければならなくなる。これは多くのインターセックスが幼いころ経験する具体的現実であり、すべての人間を男性あるいは女性として維持する重要な装置のうちの一つでもある。

二つ目は、人間が生まれたときに割り当てられるセックス−ジェンダーは、「生物学的事実」とは無関係ということだ。[12] 子どもが生まれたとき、医者は胎児のあらゆる生物学的条件を検討してセックス−ジェンダーを決定しているわけではない。外性器の形態を「ちらっと見て」、陰茎と判断できたら男児、できなければ女児と分類する。このような分類が慣習化しているせいで、年齢を重ねてからインターセックスとしての診断を受ける場合も多い。人間が生まれたときに割り当てられるセックス−ジェンダーは、「生物学的根拠」に基づく解釈ではなく、身体の文化的意味を反復引用する実践と言える。人間は二つのうち一つのセックス−ジェンダーで生まれないだけでなく、外性器の形態は人間のセックス−ジェンダーを判断する決定的根拠にはならないのだ。

それにもかかわらず、外性器など、身体の一部の外的形態を根拠にジェンダー・カテゴリーを確認できると信じている人は多い。このような認識は、結局のところ「人間の外性器はジェンダー・カテゴリーと一致すべきだ」「人間のセックス−ジェンダーは生物学的に生まれ持ったものだが、個人によって男性性や女性性の性質が異なる可能性がある」という二つの前提を反映している。もう一つの生物学的還元主義と言えるだろう。仮に、外性器の形態を根拠にしてジェンダー・カテゴリーを確認したり、「特定の生物学的機能（たとえば、妊娠や出産）」によって同質のジェンダー・カテゴリーを確立できるとして、このような仮定は、たとえば妊娠出産を経験しない女性を排除することにつながるし、彼女たちの女性性に疑いを抱いたり、彼女たちを沈黙させることにもなる。このような仮定は、特殊な経験を普遍性の基準にしているという意味で矛盾しているだけでなく、女性を「産む機械」とみなし既婚女性に出産を奨励する社会的認識や、女性は結婚して子どもを産んで一人前と考える規範認識に根拠を提供してしまう。そしてこのような仮定は、セックスとジェンダーの単線的で必然的な関係――「解剖学は運命だ」という言葉を批判、否定しながら登場した第2波フェミニズムの土台そのものを否定することにもつながる。

トランスジェンダー・クィアとジェンダー

これまでに取り上げたセックス―ジェンダー議論は、すでに多くの人が指摘していることで、決して新しくはない。重要なのは、ここでもう一つの歴史的・批評的文脈を適用すべきということだ。セックス―ジェンダー概念、女性―男性カテゴリーの論争は、第2波フェミニズムによって初めて、唯一提起されたイシューではない。セックスとジェンダーを区分する公式は第2波フェミニズムの成果として知られているが、これは明らかな誤解だ。

アメリカにおけるセックスとジェンダーの区分は、トランスジェンダー・クィアや性科学者の努力によって達成された。[13] １９１０年代後半、西欧近代医学において性転換手術の可能性が提起された。オーストリアの性科学者オイゲン・シュタイナッハ（Eugen Steinach）は、げっ歯類に対して性転換手術の実験を行った。シュタイナッハは、オスのげっ歯類を去勢して卵巣を移植すると女性化し、メスのげっ歯類を去勢して精巣を移植すると男性化するという事実を発見した。[14] この実験は、ホルモンの役割だけでなく、セックスは決して固定的で生まれつきのものではなく変形可能性があるという事実を、医療的・認識論的に発見したものだった。シュタイナッハの実験が大衆雑誌に掲載され普及したことで、自分の体を変えたいと思う人は医者を訪ねて手術を要求するようになった。トランスジェンダー・クィアたちは、「生物学的には男（女）」だけれども（あるいは男／女として性を割り当てられた／診断されたけれども）「精神的には女（男）」であるといった言葉で自分の状況を説明し、医者を説得した。

このようなトランスジェンダー・クィアたちの言葉は、トランスジェンダー・クィアを「誤った体にとらわれた存在」と理解し、精神－肉体の二分法を強化する言説として解釈されてしまうことが多い。しかし、この言葉は、生物学的性と社会文化的／精神的／心理的性を区分するための努力として初期に現れた重要な試みだったのであり、セックスとジェンダーを区分するための礎となった。トランスジェンダー・クィアと話し合った医者は、その経験を記録しながら、人間のジェンダー・アイデンティティが生物学的形態と必ずしも一致するわけではないということに気づくことができた。トランスジェンダー・クィアの身体経験は、セックスとジェンダーは当然一致すべきという近代の認識論、そしてこの認識論を素地として形成された近代国民国家の土台に亀裂を入れた。

1952年に登場したアメリカのトランス女性クリスティーン・ジョーゲンセンは、認識論的亀裂が生じる際の臨界点的役割をしたと言える。ジョーゲンセンは韓国の河莉秀（ハ・リス）［韓国初のトランスジェンダータレント］と似た人物で、登場と同時にアメリカで最も有名な人物となった。ジョーゲンセンはアメリカ初のトランスジェンダーではなかったが、アメリカで最も有名なトランスジェンダーだった。ジョーゲンセンの登場によって人々は、どんな人が女性でどんな人が男性なのか、女性／男性はどのように構成されるのかを問い始めた(15)。目の前にいる女性に見える人が、生まれたときは男の性を割り当てられたものの、自分のことを女性だと思っていると言ったら、セックスとジェンダーは必然的関係であるという説明は揺らがざるをえない。このようにして大衆は、セックスとジェンダーは必ず一致するのか、一致すべきなのか、これらが偶発的関係なのかどうかを問い始めた。ジョーゲンセンの登場以降、アメリカ社会の中で日常的に進んでいたこのような議論は、1960年代第2波フェミニズムの登場に重要な影響を及ぼした(16)。

女性として生まれるのではなく女性として構成されるという認識、女性性と男性性は権力の配置問題であるという問題意識は、すべてのトランスジェンダー・クィアが提起した問いと同一の文脈だ。したがって、アメリカのフェミニズムの歴史とセックス―ジェンダーの概念の歴史は決して切り離せないだけでなく、トランスジェンダー・クィアが築き上げた成果と言うことができる(17)。

セックスとジェンダーの区分は、人間が必ずしも男女どちらかのセックスで生まれるわけではないということを説明するのに重要な役割を果たした。また、生物学的と言われる特徴・カテゴリーと、社会文化的と言われる特徴・カテゴリーが必ずしも一致しないことを説明するのにも重要な役割を果たした。このような歴史的背景の中で、ジェーン・フラックス（Jane Flax）は1987年、セックスとジェンダーを区分する公式に問題提起し、セックスとジェンダーの関係を必然的ではないものとして再定義しようとした。フラックスはフェミニズムに対して「ジェンダーとは何か」「ジェンダーと解剖学的性差はどんな関係なのか」「ジェンダーは二つだけなのか」という問いを投げかけるべきと主張した。[18] フラックスの問いは、ジュディス・バトラーによって、ジェンダーを安定的カテゴリーではない不安定な状態、つまり「トラブル」として定義する形で拡張され、[19] バトラーの問題意識はセックス－ジェンダー概念を議論するときの基本的土台となった。[20]

それにもかかわらず、現代のフェミニズムは、正真正銘の生物学的／身体的セックスが存在しているという認識に挑戦しない傾向が強い。[21] 今もジェンダーの観点と言うと、それは（特定の経験に限定されているにもかかわらず、普遍的だと仮定する）女性の観点を意味し、ジェンダー分析は「女性」を対象にしている場合がほとんどだ。だから、女性というジェンダー・カテゴリーは今も、常に「セックス」としての女性、「生物学的女性」を指している。[22]

ジェンダーと暴力の関係に関する議論も例外ではない。ジェンダーと暴力、または女性と暴力の関係に関する議論のほとんどは、非トランス女性だけを対象にしている。女性は常に「非トランス女性」の略語であるが（それだけでなく、非障害者女性、異性愛女性の略語でもある）、このことを問題視するケースはかなりめずらしい。このような認識の中でトランスジェンダー・クィアの経験やトランス女性の経験は見落とされる。トランスジェンダー・クィアの問題はジェンダーの問題ではないという認識の中で、トランスジェンダー・クィアが受ける物理的暴力被害は、認識論的暴力被害にもなる。

先述したブランドン・ティーナ／ティーナ・ブランドンと金（キム）被害者の事例に戻ってみよう。ブランドン・ティーナ／ティーナ・ブランドンを殺害した二人の加害者は、外性器でジェンダー・カテゴリーを証明しようとした。加害者らの行動は、女性／男性は生物学的に異なった形で生まれ、生まれつきの生物学的性別は変わることはなく、セックスとジェンダーは一致すべきという通念を前提としている。このような認識を基盤にするのであれば、アン・オークレーが提唱したセックスとジェンダーを区分する方法は、もう一つの自然秩序として作用する。外性器が「女性」型であればジェンダーも（非トランス）女性である必要がある。外性器が「女性」型の人は、男性の「ような」女性にはなれても男性にはなれないし、男性であってもいけない。これに「違反」する行為、つまり、女性として生まれたにもかかわらず男性であろうとする（男性になろうとする）行為は、単に個人の問題ではなく、共同体に脅威をもたらす「犯罪」とみなされる。したがって、性別二元論に基づくセックス－ジェンダー規範に対する違反行為を処罰することは違法ではなく、文化的規範を守るための正当な実践となる。

実際に二人の加害者は、ブランドン・ティーナ／ティーナ・ブランドンの「ジェンダーと性器は一致しておらず、騙されたことが悔しかった」と法廷で発言し、自分たちの行動について弁明した。[23]ブランドン・ティーナ／ティーナ・ブランドンは問題を発生させた存在であり、規範を破った者であるので、本当の加害者はブランドン・ティーナ／ティーナ・ブランドンであり、自分たちは被害者である、という意味だった。もちろん、法廷は彼らの抗弁を受け入れなかった。しかし、裁判所が彼らの主張を退けたからといって、殺人や暴力の罪を正当化するためにはこのような弁明をしてもかまわないと考える文化的土台そのものが消滅したわけではない。このような土台は、時間と空間は完全に異なるものの、今日の韓国でも維持されている。

先述の新聞記事で示されていたポイントを確認してみよう。記事によれば、朴(パク)加害者と金被害者は4年ほど親密な関係または恋愛関係にあったが、「性別を知れる接触」を持たず、朴加害者は金被害者がトランス女性という事実を知らなかった。金被害者が女性として通用していたのであれば、または朴加害者が金被害者を女性ジェンダーと認識していたのであれば、そのことをもって金被害者のジェンダーを知ったと言ってもよかったはずだ。それなのに「性別を知れる接触」がなかったというのは、いったいどういう意味だろう。非トランス－異性愛関係において、まず相手と「性別を知れる接触」をしたあとに「相手のジェンダーが自分と異なる」ことを認識し、それから愛情を抱いたり、交際を提案したりすることはない。ただ、朴加害者が主張する「性別を知れる接触」というのは、おそらく性器の結合を基準とする性的関係を結ばなかったという意味と推定することはできる。そうした状況の中で朴（パク）加害者は金（キム）被害者が「トランスジェンダーであるという事実」を偶然知り、これに激昂して金被害者を殺害した。このような加害者の弁明は、メディアを通じてのみ流布されたわけではなかった。加害者は法廷でも同じ弁明を行っていた。一審裁判で懲役15年を言い渡された加害者は、「被害者がトランスジェンダーであるという事実をあとから知って激昂し、偶発的に犯行を犯してしまった」と主張して控訴提起し、情状酌量を訴えた（２０１０コ合２８１判決）。この事件とブランドン・ティーナ／ティーナ・ブランドン事件は酷似していると言える。二つの事件の加害者は皆、被害者は性別二元論的セックス－ジェンダー規範を破り、自分たちを欺いたのだと主張している。

　加害者の控訴の論理、つまりトランスジェンダーという事実をあとから知った、自分たちは騙されたのだとする主張は、セックスとジェンダーの関係を今のように単線的に理解する場合、どのような暴力が発生する可能性があり、その暴力がどんな形で正当化されるのかということを明確に示している。だから、セックスとジェンダーの必然的関係を問題視しない態度は、単にセックス－ジェンダー関係の必然性を批判しながら登場したフェミニズムの歴史を否定するだけの問題ではないのだ。こうした態度は、セックスとジェンダーの不一致によって発生するさまざまな暴力の基盤となる論理と同じと言えるし、暴力を正当化するための論理的根拠を提供しているという点できわめて深刻な問題だ。人間に対する暴力を終息させ、暴力の概念について再考する実践がフェミニズムの一部なのだとしたら、どんな場合においても、性別二元論的セックス－ジェンダーと、セックス－ジェンダーの必然的関係に依拠して議論を展開してはならない。セックス－ジェンダー関係、ジェンダー概念そのものを根本的に変える必要がある。

ジェンダー認識と、トランスジェンダー・クィアが受ける暴力の性格

では、ジェンダー研究はどのように構成されるべきだろうか。ベル・フックスは1984年に初めて出版した『ブラック・フェミニストの主張――周縁から中心へ』という本の中で、女性間の差異を論じることについて主張した。[24] 女性と男性をそれぞれ単一のカテゴリーとして解釈したうえで、女性はみな同じ抑圧を受けているとする論理は、女性の中の複雑な権力関係を隠蔽する。女性たちの人種や階級は同一ではない。それぞれが別の文脈で、別の方法で抑圧を受けている。たとえば、人種を意味あるカテゴリーとして考慮しない集団で子どもが生まれたとき、最も重要なカテゴリーはジェンダーになるかもしれない。つまり、胎児のジェンダーが「姫」なのか「王子」なのかによって、子どもの人生と子どもを産んだ人（必ずしも「女性」ではない）の人生が変わるということだ。一方、アメリカ社会において黒人集団は子どもの肌の色を真っ先に確認し、その次にジェンダー・カテゴリーを確認する。[25] このような違いは、「女性の出産経験は皆同じだ」、または「女性は出産という一点において共通の経験をする」という言葉が誰の文脈で構成されたジェンダー経験なのかということについて、もう一度問いを投げかける。女性を同質の経験

を共有する集団として想像し、このことをもって女性を被抑圧的集団としてだけ再現することが、女性にとってどんな意味を持つだろうか。女性を単一の被抑圧集団として設定すると、女性が行使する否定的な意味でのさまざまな権力と、命を再生産する肯定的な力としての権力の両方を否定することになってしまう。

女性のカテゴリーの中でもさまざまな権力が作用し、搾取や抑圧が作動している。このことは、隠蔽すべきではなく、省察と分析の対象として捉えるべき問題と言えるだろう。ジェンダー研究はジェンダー、階級、人種などが交差する横断の政治（transversal politics）として接近すべきであるし、それだけでなく、ジェンダーそのものの複雑さを探求する相互交差性の研究となるべきだ。

ジェンダーの理論家であり俳優でもあるケイト・ボーンスタインは、ジェンダーの問い方自体を変えるべきと提案した。(26)「ジェンダーとは何なのか」という問いは、「女性と男性はどう違うのか」という問いではない。後者の問いは、すでに女性と男性という性別二元論を当然の自然秩序として前提にしている。この前提は、先述の2件の暴力事件を通じて確認したように、ヘイト暴力を正当化する論理として作用する。ジェンダー、またはセックスとジェンダーの関係を理解できていると仮定してはならない。問うべきことを当然視してしまったら、これまでの抑圧制度を繰り返すことになってしまう。したがって、ジェンダー研究は、セックスとジェンダーの必然性自体を問うことから始めなければならない。「私たちは社会の中でどのような過程を通じて適法で適切なジェンダーとして配置されるのか」「暴力は個人の体にどのような形でジェンダーを配置するのか」と、問いを転換させるべきだろう。

セックスとジェンダーの関係には規則がないが、異性愛－性別二元論的ジェンダーを規範とする社会で、セックスとジェンダーは必然的関係として認識されている。現代社会でトランスジェンダー・クィアが受けるヘイト暴力は、セックス－ジェンダーの必然的関係を自然化（naturalization）する文化的背景の中で発生している。トランスジェンダー・クィアに対するヘイト暴力が発生するのは、その人がただトランスジェンダー・クィアであるからなのか。「そうだ」と断定的に答えることはできない。ブランドン・ティーナ／ティーナ・ブランドンが受けた暴力と金(キム)被害者が受けた暴力は、どちらも親密な関係の中で発生した。二つの事件は、トランスジェンダー・クィアというカテゴリーが人間関係をどれだけ脆弱にさせるのかを象徴的に示している。他者と構築してきた関係性は、ただトランスジェンダー・クィアであるという理由だけで崩壊する。つまり、暴力はその人がトランスジェンダー・クィアであるから発生すると言うこともできる。

しかし、トランスジェンダー・クィア、または非規範的ジェンダーを実践する人々が受ける暴力は、親密な関係においてのみ発生するわけではない。多くのヘイトクライムは反復的な模擬実験と徹底的な計画を経て実行されるが、必ずしもその相手が決まっているわけではない。加害者は、自分が正しいと考える社会的ジェンダー規範を基準にして、相手がその基準に適合するかを判断し、基準を逸脱しているとみなした存在を攻撃対象にする。つまり、トランスジェンダー・クィアであるからではなく、トランスジェンダー・クィアであるかどうかにかかわらず、いわゆる規範や通念から逸脱するジェンダー行為やジェンダー表現が原因となって暴力が発生するとも言える。ここでは、ジェンダーを取り巻く解釈、つまり身体の特徴を認識する過程が、意味ある濾過（ろか）装置かつ分析枠として作用する。

レイン・ドジアー（Raine Dozier）は、人が他人のジェンダーを解釈するときに最も重要視する手がかりは、行動様式よりも「性的特徴（sex characteristic）」だと主張している(27)。スカートや男性用の正装などといった服装、歩き方や手ぶりといった行動様式は、相手のジェンダーを解釈するにあたって重要な手がかりと言える。しかし、こうした特徴よりも、顔に生えたひげの痕や胸の形、骨格といった身体的特徴のほうが、ジェンダーを解釈するにあたってより重要な根拠として使用される。ちなみにこれは私の経験でもある。数年前、活動家仲間と一緒に「ジェンダーあて」イベントを開催したことがある。その場で私は女性用の衣服であるスカートを着用していた。医療的措置を受けていないトランスジェンダー・クィアではあるものの、観客の目に男性として映らないことを期待していた。他の登壇者もそれぞれ自分ならではの方法でジェンダーを演じながら、「誰がトランス女性、トランス男性、非トランス女性、非トランス男性かあててください」と観客に質問をした。観客のうちの一人が、私を非トランス男性だと言った。根拠はあごに残った髭剃りの痕だった。

ジェンダーを遂行することは、単に服装と身振りを取り入れることではない。いわゆる生物学的特徴、身体的形態まで取り入れる必要がある。ドジアーがインタビューをしたビリーも、私と同じような経験をしていた。ビリーは「私は顔のひげがすべてだと思う。それは私がひげにフェティッシュを感じているからではない。あなたの顔にひげがあったら、あなたはあなたの体がどんな姿であるかに関係なく、社会的には「男として」通用する。妊娠9か月のときに町を歩いていて感じたのは、通りすがりの人は皆『あの男の人、太っているね』と思っているようだったということ」と語っている。[28] ＦｔＭ／トランス男性であるビリーは、ホルモン投与によって明らかに「男性的性的特質」が体に表れていて、男性として無理なく通用する見た目をしている。ビリーはとある理由でホルモン投与を中断し妊娠したのだが、その間もひげの痕は残っていた。そしてこのひげの痕は、通りすがりの人々がビリーの体を「妊娠した状態」ではなく「太っている」と解釈する根拠として作用した。ビリーの立場からすると、これは正しい解釈でもあり、間違った解釈でもある。ビリーはＦｔＭ／トランス男性であるという意味で「男」という解釈は正しいけれど、そのときの体の状態を「太っている」と表現するのは問題だった。だからといって、ビリーのことを「妊娠した女性」と解釈することもできない。ビリーの状況にそれなりに近いのは、「妊娠した男性」という表現だろう。しかし、セックスとジェンダーは一致すると考える社会的認識の中で、このような解釈は事実上不可能だ。こうした状況では、個人のさまざまな身体表現のうち特定の表現だけが根本的記号として規定され、それが特定のジェンダーとして解釈され、残りの身体表現は解釈されたジェンダーに合わせて還元されるだけだ。

だから、ある特定のジェンダーとして通用すること（passing）を望む場合には、文化的コードのうち、自分がそうなりたいと望むジェンダーのコードを引用する必要がある。そしてこのジェンダーコードは、相手と自分が共有できるものでなければならない。私が重視して引用するジェンダーコードと相手が重視して引用するジェンダーコードが一致すれば、私は無理なく自らが望むジェンダーとして通用するようになり、自分が望むジェンダーとして「安全に」生きていく（passing）ことができるようになる。しかし、自分と相手の解釈が一致しなければ、私は自分が望むジェンダーとして通用することに失敗してしまう。先述のイベントで、私は女性として通用することを望んだが、観客は私とは違うジェンダーコード、身体的特徴と呼ばれるひげの痕を基準にして私のジェンダーを解釈した。私と観客はそれぞれ異なるジェンダーコードを解釈していたため、私のジェンダー遂行は「失敗」に終わった。ジェンダー遂行は文化的規範を繰り返し実践しながら達成されるが、これを成功させるためには、自分が望むジェンダーとして「認識されるための社会的制約[29]」、つまり文化的共同体の構成員が共有すると信じられている支配規範を引用するしかない。

「ジェンダーあて」イベントは人権運動としての文化行事だったので、私の失敗は「安全な失敗」だった。しかし、これがイベント以外の場での「失敗」だった場合には、単に私一人の失敗ではなく、他の多くのトランスジェンダー・クィアが受けるトランス嫌悪と同じ文脈に置かれることになる。非トランス女性として認識されることを望んだり、男性として認識されないことを望むＭｔＦ（male-to-female）／トランス女性は、服装、行動様式といった文化的ジェンダーコードの引用に失敗しているせいでトランスジェンダー・クィアとして認識されているのではない。文化的ジェンダーコードを十分うまく活用できていたとしても、「女性の平均身長」よりも高い背、広い肩、太い声のせいで、「女性」として通用することに失敗しているのだ。長髪、スカート、化粧といった文化的コードがジェンダーを表す主な要素であったとしても、私たちが生きる社会では、セックスとジェンダーは一致するという認識体系も強力に作動している。こうした解釈体系を共有している限り、MtF/トランス女性の女性ジェンダー実践は、いつも失敗の可能性をはらむことになるだけでなく、ヘイト暴力を受ける可能性にもさらされることになる。このような理由から、トランスジェンダー・クィアに対するヘイト暴力は、FtM/トランス男性よりMtF/トランス女性により多く起こっている。(30)

トランスジェンダー・クィアの身体、特にMtF/トランス女性の身体は、そのものがトランスジェンダー・クィアをより可視化させる場であると同時に、トランスジェンダー・クィアに対するヘイト暴力を誘発する場としても作用する。したがって、不幸なことに、MtF/トランス女性が受けるヘイト暴力は、社会が人間の身体をどう解釈しているのかを端的に示す指標としての役割を果たしている。

また、MtF/トランス女性が受けるヘイト暴力は、ジェンダーに基づく暴力の典型でもある。トランスジェンダー・クィアをはじめとして、バイセクシュアル、レズビアン、ゲイに向けられるヘイト暴力は、それぞれのカテゴリーに対する暴力として解釈される傾向がある。つまり、被害者がバイセクシュアルであること、レズビアンであること、ゲイであること、トランスジェンダー・クィアであることが、暴力を行使する理由になるということだ。そのため、それぞれの犯罪は「トランスジェンダー・クィアに対するヘイトクライム」と命名されている。この命名は、現在の私たちの社会でトランスジェンダー・クィアに対する社会的認識や差別をはっきりと示すことができるという点において、性別二元論的ジェンダー体制を可視化するための重要な戦略と言える。一方で加害者は、被害者の性的指向、ジェンダー・カテゴリーが正確に何なのかということを確認してから攻撃するわけではない。加害者は、トランスジェンダー・クィアの特徴、バイセクシュアルの特徴、レズビアンの特徴、ゲイの特徴など特定の特徴を仮定して、これに適合する者を攻撃しているのだ。(31)

このとき仮定される特徴は、性別二元論的な属性を持っている。つまり、「ゲイであれば女性的であるはずだ」「レズビアンであれば男のように振る舞うはずだ」「トランス女性であれば骨格が大きく女性の服を着ているはずだ」という性別二元論的な基準を設定し、この基準に基づいて加害対象を選別する。加害者は、被害者が実際に同性愛関係を結んでいるか、トランスジェンダー・クィアであるかを確認するため、「寝室をのぞいて」から攻撃を開始するのではなく、自ら仮定したジェンダー化された要素を基準にして加害対象を特定し攻撃しているのだ。(32)

ジェンダー暴力とジェンダー競合（Gender Dysphoria）連続体

韓国社会においてジェンダー暴力とは、ほとんどの場合「女性に対する暴力」を意味する。ジェンダーとはすなわち女性であり、性別二元論的ジェンダー社会において男性ジェンダーと女性ジェンダーの構造的権力の差として発生する、女性ジェンダーに向けたさまざまな形態の暴力こそがジェンダー暴力とされる。この定義によれば、非トランス女性が受ける暴力はジェンダー暴力とは別物ということになる。非トランス女性が受ける暴力は社会の性別二元論制構造において発生するものだが、このとき、女性と男性というカテゴリー自体は問題にはならず、権力の差だけが問題になる。対してトランス女性が受ける暴力は、トランスジェンダー・クィアを嫌悪する社会の雰囲気、つまりジェンダー規範に反する存在に対する社会的処罰としての暴力であって、性別二元論的な社会構造とは無関係とみなされる。

はたして、非トランス女性が受ける暴力とトランス女性が受ける暴力は本当に別物なのだろうか。特定のジェンダー規範をどれだけ上手に実践するかによって暴力発生の有無が変わるのであれば、カギはどれだけ「本当の」女性／男性らしく自分を表現できるかということになってくる。生まれたときに女性という性を割り当てられたとしても、「本当の」女性として十分通用しなければ、ジェンダー規範に反しているという理由で被害にさらされる危険があるという意味だ。言い換えるなら、トランス女性が受ける暴力と非トランス女性が受ける暴力は別物ではない可能性がある。

たとえば男子高で、あるＭｔＦ／トランス女性の生徒が髪型をボブやロングヘアにしてスカートをはきたいと主張し、学校がこれを拒否したとする。現在の韓国社会の雰囲気では、生徒の行動は規制を受ける可能性がかなり高い。次に女子高で、ある非トランス女性の生徒が髪を極端に短く切って、それが理由で教師と面談をしたとする。この二つの事件の文脈は同じだろうか。一方の事件はＭｔＦ／トランス女性の経験であり、もう一方の事件は非トランス女性の経験という点で、それぞれ別の反応を引き起こす、まったく異なる性質の事件と言うこともできる。しかし、女性性規範／男性性規範に適合するジェンダーを強制するという意味で、二つの事件は同じ文脈上に置かれる。トランス女性の頭髪や服装を規制する行為は、生まれたときに男の性を割り当てられたなら一生男性として生きるべきという性別二元論的ジェンダー規範に基づいている。家庭と同じように、学校という空間も異性愛－性別二元論的ジェンダー規範を管理し再生産する主な国家装置であるという点も見逃せない。非トランス女性が髪を短く切ったという理由で面談に応じなければならなかった事件の発端も、女性であれば髪をある程度伸ばしていなければならないという女性性規範に基づいている。二つの事件には、教師が生徒のジェンダー表現を問題視して管理しようとしたという共通点がある。

別の例をあげてみよう。仮に、Ａという人がミニスカートを履いて歩いていたという理由で暴力被害を受けたとする。実際に性暴力事件の男性加害者が加害の理由について「女がミニスカートを履いていたから」と陳述するケースはあとを絶たない。２０１０年11月には、「太った女がミニスカートを履いていた」という理由で、タクシー運転手が女性を暴行する事件も起こった。ここでＡが経験した被害とはいったいどんなものだったか。仮に、Ａが非トランス女性であったとすると、事件は「女性の自己表現、または女性のセクシュアリティに対する家父長的男性の暴力」と解釈される可能性が高い。一方、Aがトランス女性だった場合には、おそらく社会的ジェンダー規範に違反した「男の体を持つ人」に対する、または社会的逸脱行為に対する私的で暴力的な処罰として、あるいは加害者がトランスジェンダー・クィアのことを理解していなかったせいで発生したかわいそうで(!)不幸な事件として語られる可能性が高い。では、Aが非トランス女性だった場合にだけこの事案をフェミニズムや女性運動の対象として取り上げ、Aがトランス女性だった場合はただAのことを気の毒に思って加害者を非難しさえすればよいのだろうか。それぞれの事件をジェンダー暴力の側面で解釈し、同一線上の事件として解釈することはできないだろうか。

社会的ジェンダー規範を実践する方法に関して、ホーリー・デヴァー(Holly Devor)は、アメリカの白人中産階級女性がどのようにジェンダー規範を体得し実践しているのかを調査した。その結果はとても興味深いものだった。異性愛－非トランス女性であれ、レズビアン・ブッチであれ、FtM/トランス男性であれ、実際の自分のアイデンティティとは関係なく、生まれたときに「女」の性を割り当てられた人々は、程度の差はあれ、女性ジェンダー規範を実践する過程でほぼ常に「ジェンダー競合(gender dysphoria)」と不安を経験するという(33)。ジェンダー競合とは、トランスジェンダー・クィアのジェンダー経験を説明するために主に医学上で使用される用語のことで、生まれたときに割り当てられたジェンダーに不満や不便さ、「不一致」を感じる経験のことを指す。多くのトランスジェンダー・クィアは生まれたときに割り当てられたジェンダー・カテゴリーと不和を起こし、時々不一致を感じ、自分に適合するジェンダーの体になるため、医療的措置を選択している。医学はこれをジェンダー競合（しばしば「ジェンダー違和感」「ジェンダー不和」とも表現される）と命名した。

ジェンダー競合を、生まれたときに割り当てられたジェンダーに相当な違和感を感じた人の、他のジェンダーで自分を説明するための実践と理解してしまうと、非トランス女性とＦｔＭ／トランス男性のジェンダー経験を連続線上に置くデヴァーの調査結果にはなかなか納得できないかもしれない。トランスジェンダー・クィアと非トランスの経験を分離して思考する立場であれば、もっと納得がいかないだろう。しかし、他のジェンダーで自分を説明する場合ではなくても、生まれたときに割り当てられたジェンダーを自分のジェンダー・カテゴリーとして受け入れ、そのカテゴリーに適合する存在として生きていくための一連の努力と戦略を包括した言語としてジェンダー競合を再解釈すれば、デヴァーの説明は腑に落ちるはずだ。

たとえば、現代を生きる多くの非トランス女性は、自分が所属する社会の中で適切と判断される女性ジェンダーとして生きるために、日常的に自分の身体と不和を起こし、競合している。ダイエットをしたり、時には整形手術をすることもある。実際にダイエットや化粧をしない女性はよく「女のくせに化粧もしないのか」と言われるし、このような指摘はその人が「女性であるという事実」そのものを疑うものではないにしろ、女性に自身のジェンダー・カテゴリーを自己検閲させる。しかし、どんなに一生懸命ダイエットをして化粧をして整形をしたとしても、体は不完全な状態のままだ。少しでも完璧に近づくためにさらに努力したとしても、社会的ジェンダー規範に完璧に適合する身体になることなど不可能だ。完璧な身体は単なる理想にすぎない。ジェンダー規範は、到達し体得すべき基準とされながらも到達できない幻想であり、不安や恐怖を誘発する社会秩序と言える。異性愛－性別二元論的ジェンダーを自然秩序とする社会の構成員は、自分のジェンダーを自ら「選択」することができないし、割り当てられたジェンダーで生きていく必要がある。また、そのジェンダーで生きるために絶え間なく努力する必要に迫られる。

したがって、異性愛－性別二元論的規範は、実際には選択ではなく、禁忌として作動していると言える。それも実践してはならない禁忌ではなく、実践する必要はあるが、達成してはならない禁忌だ。規範を志向することはできるが、完璧に実践することはできない。それにもかかわらず、実践に失敗したことを絶対に他人に知られてはならないような禁忌だ。だから、現代社会を生きるほぼすべてと言っていい非トランス女性は、生まれたときに割り当てられたジェンダーで生きるために、そのジェンダーを自分のジェンダーとして受け入れるために、身体の変形を絶え間なく経験し続ける。このような文脈でジェンダー競合について読み解く場合、トランスジェンダー・クィアと非トランスが経験するジェンダー・アイデンティティの形成過程は別物ではなく、連続線上の事件となる。

トランスジェンダー・クィア連続体

ジェンダー暴力について再解釈する作業は、ジェンダーそのものを再解釈する作業でもある。ジェンダー暴力を男女間のヒエラルキーに基づく暴力と解釈する既存の説明方法は、男女間のヒエラルキー構造を解き明かすという点でとても重要だ。しかしこの方法は、依然として性別二元論的なジェンダー構造にとどまっているという点で、ジェンダーとは何かを問う方法ではなく、「女性と男性はどう違うのか」を問う方法になってしまっている。そこで私は、ジェンダー暴力を「誕生時に割り当てられたジェンダーで一生を過ごすこと、最適な実践方法によって強制的にジェンダー規範を体得させる装置」と新たに解釈したい。[34]つまりジェンダー暴力とは、女性、男性といった特定のジェンダー・カテゴリーを各個人に割り当て、割り当てられたジェンダーの適切な役割を遂行するよう押しつける、日常の実践のことだ。

新しく解釈されたジェンダー暴力は、既存のジェンダー暴力とどう出会うだろうか。既存のジェンダー暴力の中で主に論じられてきた「妻に対する暴力」がわかりやすい例だろう。「妻に対する暴力」は、男性である夫が女性である妻に対して加えるさまざまな暴力を指す。「妻に対する暴力」は、「夫と妻という性別化されたアイデンティティ、地位、役割、労働を遂行するとき」に発生し、「『殴られるようなこと（をした）』というよくある言説は、人間（女性）が妻になったときにだけ暴力の理由としての意味」を持つ。[35]

これは「妻に対する暴力」が持つかなり重要な性格の一つだ。「妻に対する暴力」の加害者である夫は、妻に暴力をふるった理由として、よく「妻の間違いを教育」するためと主張する。つまり夫の中では、「妻に対する暴力」は暴力ではなく、家庭の秩序をただし、妻に適切な役割を教えるための教育行為なのだ。このように、「妻に対する暴力」が特定の性役割を基盤にして起こっている点をふまえることは、それがジェンダー暴力であることに気づき考えるきっかけにもなる。「妻に対する暴力」がジェンダー暴力なのであれば、女性と規定されている妻と男性と規定されている夫の間でだけ発生する暴力として解釈すべき理由はない。新たなジェンダー暴力解釈によれば、「妻に対する暴力」は女性パートナーに適切なジェンダー役割を身につけさせる行為であるだけでなく、パートナーを女性ジェンダー・カテゴリーに還元する行為でもあるからだ。加害者である夫が主張するとおり、「妻に対する暴力」が「教育の実践」なのであれば、まず妻という立場の人を女性ジェンダー・カテゴリーに還元して、女性ジェンダー・カテゴリーとして適切な社会文化的規範を押しつけていると再解釈できるからだ。

つまり、私が解釈するジェンダー暴力としての「妻に対する暴力」は、一個人を異性愛―性別二元論的ジェンダー規範に還元して判断し、誕生時に割り当てられたジェンダーをその人のカテゴリーとして体得するよう押しつける行為だ。このように解釈したとき、「妻に対する暴力」は、クィアに対するヘイト暴力の作動原理と正確に一致する。「妻に対する暴力」もクィアに対するヘイト暴力も、加害者の規範または支配的ジェンダー規範を基準に「違反」かどうかを判別し、被害者に規範を身につけさせるための社会的実践と言えるからだ。自分自身を規範に適合する存在、支配的地位・位置にある存在と信じる者が、暴力によって他者にジェンダーを調教し、自身の支配的規範性を確認する。「妻に対する暴力」における加害男性は暴力を通じて男性カテゴリーを、クィアに対するヘイト暴力における加害者は嫌悪と暴力を通じて自身の支配的規範性を、それぞれ体得し宣言する。これらの点について考慮すると、ジェンダー暴力は人間の主体性を確立させる条件とも言える。ジェンダー暴力は、社会において一個人を人間主体として認識させる、またはさせないことで、支配的ジェンダー規範の中で「人間」として生きるための必要条件となる。

もう一つ、社会の中で適法なジェンダー主体として生きるための重要な装置となるのは「ジェンダー指示語」だ。ジェンダー指示語は個人のジェンダー化された地位を指すが、ほとんどの場合は異性愛−性別二元論的ジェンダー規範が基礎となり作用しているため、多くの問題を引き起こす。FtM哲学者ジェイコブ・ヘイル（C.Jacob Hale）は父との対話を引用しながら、この問題について言及している。「ジェイク〔ヘイル〕が幼い少年だったとき……、いや、違う、幼い少女だったとき……、いや、幼い子どもだったとき……、彼〔he〕は……、いや、違う、彼女〔she〕は……、いや、違う、いったい私は何を言っているんだ！」[36]。英語圏をはじめとする一部の言語圏においては、名詞と人称代名詞を性別二元論的ジェンダーで区分して表示している。SheやHeは代表的なジェンダー指示語であり、ジェンダー指示語によって相手のジェンダーを捉えている。SheやHeと認識されなかった場合、適切かつ適法な人間になること自体が不可能になる。

名詞や人称代名詞を使用するとき、韓国語では基本的に性別二元論的ジェンダー体系とは関係のない呼称を使用できるが、いつもそうとは限らない。オンニ〔女性が年上の女性を呼ぶときの呼称〕、ヌナ〔男性が年上の女性を呼ぶときの呼称〕、ヒョン〔男性が年上の男性を呼ぶときの呼称〕、オッパ〔女性が年上の男性を呼ぶときの呼称〕、イモ〔母親の姉妹の呼称〕、コモ〔父親の姉妹の呼称〕などのように、親族関係を表す指示語は、自分のジェンダーと相手のジェンダーを同時に規定しているという点で、両者の関係そのものを性別二元論的ジェンダー規範に引き込んでいる。ジェンダー指示語は、個人の一時的なジェンダー状態を指示しているのではなく、個人の過去と現在、未来可能性、そして社会的関係のすべてを断定している。誰かを女性型のジェンダー指示語で呼ぶことは、その人は生まれたときに「女性」の性を割り当てられており、「少女」に成長し、「お嬢さん」「おばさん」「夫人」または「奥さん」となり、「おばあさん」になって、死亡届に「女性」として記録されることを意味する。

ジェンダー指示語は明確な対象の存在を前提にしており、指示語とそれが指す対象が密着して固定化していることを前提にしている。つまりジェンダー指示語は、ルイ・アルチュセールが提唱した「呼びかけ」と一緒だ。アルチュセールは、支配イデオロギーの中で適法な主体となる方法について説明しながら、呼びかけという概念を使用した。たとえば、警察が「おい、そこの君！」と呼びかけたとき、呼びかけられたのが自分であることを認識し、後ろを振り返ることのできる個人は、当該法－秩序の適法な主体となる。[37] アルチュセールにとってのイデオロギー（または支配規範）とは、「個人は常に主体であるとの前提のもとに呼びかけ」を行い、個人を特定の秩序に適法な存在として仕立て上げるものだ。ここで言う主体は、常に特定のイデオロギー（支配規範）の主体という意味だ。

言い換えるなら、「イモ」「オンニ」といった呼びかけに応じることのできる主体は、異性愛－性別二元論的ジェンダー規範として構造化された親族関係の中で、適法かつ適切な主体や構成員である。ジェンダー指示語は、個人を特定のジェンダー規範に適合する主体として構成する装置であり、この装置の中で適法である主体は、自らを自由な存在と認識することができる。

バトラーは、このアルチュセールの主体の概念について再解釈を試みている。バトラーは、呼びかけを通じた主体化は、良心と罪悪感を前提にすると指摘している。[38] 主体になる過程、特定の規範の中で適法な存在となる過程は、現在の規範に対して自分は潔白であり、何の違反も犯していないことを立証する努力、実践と言える。ジェンダー指示語に反応する行動は、特定のジェンダー規範を自分の規範として認識する実践であるだけでなく、その規範に少しも違反していないことを強弁するための実践でもあるのだ。ジェンダー指示語は、異性愛－性別二元論的ジェンダー規範の文脈において、あらゆる個人を単一のセックス－ジェンダーに還元し、単一のジェンダーとして一生を過ごすことを求めている。この求めに応じないことは、単に特定の呼びかけに反応しないというだけでなく、社会秩序に違反する行為であり、社会が求める適切な主体にならないことを宣言することだ。

このような社会の中でジェンダー暴力は、呼びかけに応じないことを処罰する形で作動する。ジェンダー暴力の加害者はほとんどの場合、自分の行動は正当であると常に主張することができる。加害者のジェンダー暴力は不当で違法な行為ではなく、社会的規範を実践する過程であり、規範を破った者を「教育」するための実践として読み解かれる。加害者の行為は、支配規範を明白にするという点において犯罪とはみなされず、支配規範の属性を具体的に表すための適法行為とされる。ジェンダー暴力の被害者に、不当な暴力に対して十分な抵抗ができない傾向があるとすれば、それは被害者が軟弱で受動的だからではない。被害者は、自分が規範に適合しない存在であることをはっきりと理解しているのだ。支配規範に適合しない生き方をしているという事実は複雑な感情を生む。規範に違反することが過ちではないことを理解してはいても、反論したところで不利益にしかならないことも明確だからだ。このような過程を通じて、ヘイト暴力は支配規範を身体に刻印する過程となり、人間の主体性を形成する実践となる。

ジェンダー指示語は物理的暴力ではないが、生を特定の様式に規定するジェンダー暴力と言える。MtF／トランス女性を「女性」というジェンダー指示語で呼ぶことは肯定的行為だが、「女性」という表現はMtF／トランス女性の生を十分説明できない。「女性」という指示語は、トランス女性が生まれたときに「男」の性を割り当てられたために経験せざるをえなかった出来事や、自分の体のことで経験したさまざまな葛藤を捉えることができない。「女性」という指示語は、MtF／トランス女性の生を単純で円滑なものとして想像させる作用をする。しかし実際のMtF／トランス女性は、単純で円滑な生を享受することはできない。非トランス女性にも同じことが言える。すべての女性が非トランス女性としてのカテゴリーを同じ方法で体得するわけではない。それにもかかわらず、「女性」という指示語は、文化的規範や期待に適合する形での「女性」になることを強制する。

それに、たとえ今は非トランス女性だとしても、過去にどんな女性だったのか、未来にどんなカテゴリーに変わるのかは誰にもわからない。「女性」という指示語は、これらの可能性をすべて遮断してしまう。「女性」というジェンダー指示語は、女性の生の複雑な様相を説明できなくするだけでなく、この用語自体がジェンダー暴力として作用する可能性を持っている。「女性」というジェンダー・カテゴリーの命名を廃止すべきと主張したいのではない。「女性」というカテゴリーの制限性や危険性について、私たちは徹底的に検討すべきではないだろうか。

ここで、C・L・コール (C.L. Cole) とシャノン・L・C・ケイト (Shannon L.C. Cate) がエイドリアン・リッチの議論を土台にして提案した「トランスジェンダー連続体」という考え方を、有効な概念として紹介したい。[39] リッチは1980年に書いた「強制的異性愛とレズビアン実存 (Compulsory Heterosexuality and Lesbian Existence)」という論文の中で、レズビアン連続体の概念を提案した。リッチは、女性を異性愛女性とレズビアンの二つに区分して別々の存在として解釈するのではなく、異性愛を強制する社会文化的背景、家父長制に基づく社会的抑圧を共有するという点において、すべての女性は連続体として存在していると主張した。そしてコールとケイトは、リッチが提案したレズビアン連続体をクィア／トランスの文脈で再解釈し、トランスジェンダー連続体の概念を提案した。ジェンダーを理解するうえでトランスジェンダー・クィアについて検討することは、ジェンダー暴力に対する抵抗を、性別二元論的ジェンダー体系などの制約にも抵抗できる運動に転換するためのきっかけを作り出す。

「女性として生まれた女性」、レズビアン、異性愛女性、MtF／トランスジェンダー女性など、あらゆる種類の女性は、規範的かつ性別二元論的ジェンダーに挑戦するため、戦略的にトランスジェンダー連続体に位置づけられる。このような提言をする理由は、単に非トランス女性とトランス女性の接点について論じるためではなく、性別二元論的ジェンダー体系の暴力を問題化するためだ(40)。トランスジェンダー・クィアの人生や経験をフェミニズムの中で語るのは、トランスジェンダー・クィアを政治的大義に基づいてフェミニズムの中に包含するためではなく、トランスジェンダー・クィアの経験を通じて非トランスとトランスジェンダー・クィアという二分法について再考し、すべての人間の人生に包括的に作用する異性愛―性別二元論的ジェンダー暴力を暴く実践のためだ。トランスジェンダー・クィアと非トランスの異なる経験や様相に注目するのも重要だが、トランスジェンダー・クィアと非トランスを別々に分類しようとする権力作用に注目することも重要だ。それができてこそ、ジェンダーが私たちの人生の中でどう配置され作用しているのかをつぶさに見つめることができるからだ。

トランス・フェミニズムに向かって

女性が受ける抑圧と暴力を説明するために、しばしば「二重の抑圧」「三重の抑圧」という説明がされることがある。たとえば、韓国のレズビアンは女性としての抑圧と同性愛者としての抑圧という二重の抑圧を受けるという言説や、アメリカの黒人女性は女性として、黒人として、下層階級として三重の抑圧を受けるという言説がこれにあたる。多重の抑圧の議論は、それぞれのカテゴリーの経験を本質として、別々の経験として還元される。[41] 女性として受ける抑圧とレズビアンとして受ける抑圧を別物と捉える足し算型の説明は、ある集団にとっては抑圧をスムーズに理解するための手段として有効かもしれないが、別の集団にとっては、自分が受ける抑圧についての説明を困難にする方法であり、ひいては生そのものを困難にする可能性もある。

特に、女性としての抑圧は個別に存在しているという説明は、女性ジェンダーのカテゴリーや女性の経験そのものを制限してしまう。つまり、抑圧を経験できるのは、当該カテゴリーの適切な構成員や「正しい構成員」になれたときだけということになってしまうのだ。[42] こうした説明構造の中では、トランス女性と非トランス女性は永遠に出会うことのない別々の存在になってしまう。少なくないトランス女性が、トランスジェンダー・クィアとしてではなく女性として暴力被害を受けているが、「足し算型」の多重の抑圧モデルはこのことを説明できない。

さらに、多重の抑圧モデルに基づいた場合、トランスジェンダー・クィアとしての暴力被害を語ることはできても、女性としての暴力被害を語ることはできない。多重の抑圧モデルにおいて、それぞれのカテゴリーの抑圧は、当該カテゴリーの適切で排他的な構成員になることを求める。このとき、「女性」カテゴリーはトランスジェンダー・クィアを含まない。だから、多重の抑圧モデルで暴力について説明することは、トランスジェンダー・クィアを困難に陥れるだけでなく、トランスジェンダー・クィアの生そのものを説明できなくする。これは、多重の抑圧ではなく相互交差性としてジェンダーを説明すべき理由でもある。ジェンダー・カテゴリーは、その他のカテゴリーとの関係を通じて意味が生成されるだけでなく、ジェンダー・カテゴリーそのものだけでも複雑な意味を生成している。ジェンダー議論としてトランスジェンダー・クィアの問題を論じることは、ジェンダーそのものを相互交差の概念として読み解くという意味だ。

生やジェンダーを相互交差概念として理解しようとする努力の中で、暴力を概念化する作業はとても重要だ。それは、暴力がトランスジェンダー・クィアの生を脅威にさらすという理由だけではない(43)。ジェンダー暴力の概念について論じたとおり、暴力は、人間の主体性を形成し、人間を社会の適切で適法な存在として捉える方法だ。先述したトランスジェンダー・クィアの殺人事件、「妻に対する暴力」、ジェンダー指示語などは、すべて個人の身体に特定のジェンダーを割り当てたり刻印したりする教育過程だ。ジェンダー暴力は、その人が誰なのかということではなく、その人が誰でなければならないのかを加害者が判断することによって発生する。

「女性」が暴力を受けるのは、女性だからではなく、暴力を受けるのは女性であるべきという考え方があるからではないだろうか。あるいは、女性に還元することで暴力が発生するのではないだろうか。私たちはこの問題についてもう一度よく考える必要がある。そうすることによって、複雑なジェンダーを複雑なまま思考するための軸を形成することができる。ジェンダー暴力の概念を再解釈する私の作業は決して「新しい」ものではない。この作業は、韓国で今まさに議論されている、性暴力概念の定義に関する論争の延長線上にある。違いがあるとすれば、性別二元論的ジェンダー認識の枠組みを越えて、人間を性別二元論ジェンダーに還元する行為や、人間を性別二元論的ジェンダーの枠組みの中でだけ認識する行為自体をジェンダー暴力（または人間の主体性の形成過程）として解釈している点だろう。これは、トランスジェンダー・クィアの経験と非トランスの経験を別々のものとして思考する権力の作動方式自体を問題視するという意味だ。このような作業こそ、トランス・フェミニズムを模索する一つの方法と言える。

〔注〕

（1）本稿は「ジェンダー、認識、そしてジェンダー暴力――トランス（ジェンダー）フェミニズムを模索するためのメモ、4回目」『女性学論集』第30集1号、２０１３年、１９９～２３３ページに掲載された文章を一部修正したものだ。

（2）トランスジェンダー・クィアは、トランスジェンダーとクィアを合わせた用語だ。トランスジェンダーとジェンダー・クィアをなかなか明確に区分することのできない現実を反映した用語と言える。トランスジェンダー・クィアとは、異性愛−性別二元論的ジェンダー規範と身体の正常性に抵抗する持続的な生の態度、経験、認識論、政治学およびアイデンティティのことを指す。本稿においてはトランスジェンダー・クィアを基本の用語として使用するが、自らをトランスジェンダーと表現する人や、これに関する議論をするときには、当事者の判断を尊重してトランスジェンダーという用語を使用する。また、トランスジェンダー・クィアではない人を包括して指すときには、非トランスジェンダー・クィアを略した非トランスという用語を使用する。

（3）トランスシリーズ1巻『両性平等に反対する』（キョヤンイン、２０１７年）でこのテーマを扱っている。

（4）キム・ジヘ「フェミニズム、レズビアン／クィア理論、トランスジェンダリズム間の緊張と重なり」『英米文学フェミニズム』第19集2号、２０１１年、53〜77ページ。キム・ジヘ「フェミニストジェンダー理論と政治学に対する再考——女／トランス（female/trans）男性性の論争を中心に」『英米文学フェミニズム』第20集2号、２０１２年、63〜92ページ。ナ・ヨンジョン「男性／非男性の境界で——性転換男性の男性性」権金炫怜（クォン・キム・ヒョニョン）編『男性性とジェンダー』子音と母音、２０１１年、95〜１２７ページ。

（5）C. Jacob Hale, "Consuming the Living, Dis(re)membering the Dead in the Butch/FTM Borderlands," *GLQ: A Journal Of Lesbian And Gay Studies*, 4.2, 1998, pp. 311-316.; Myra Hird, "Appropriating Identity: Viewing Boys Don't Cry," *International Feminist Journal of Politics*, 3.3, 2001, pp. 435-442.; Jay Prosser, "Transgender," *Lesbian and Gay Studies: A Critical Introduction*, ed. Andy Medhurst and Sally R. Munt, London and Washington: Cassell, 1997, p. 316.; Susan Stryker, "(De)Subjugated Knowledges: An Introduction to Transgender Studies," *The Transgender Studies Reader*, ed. Susan Stryker and Stephen Whittle, NY: Routledge, 2006, p. 9.; Riki Anne Wilchins, *Queer Theory Gender Theory: An Instant Primer*, Los Angeles: Alyson Books, 2004, pp. 23-24.

(6) 本事件をパニック・ディフェンスとして分析した論考については、ルイン「被害者誘発論とゲイ/トランスパニック・ディフェンス」権金炫怜（クォン・キム・ヒョニョン）編『被害と加害のフェミニズム』キョヤンイン、2018年、157〜200ページを参照のこと。

(7) Ann Oakley, "The Difference between Sex and Gender"(original 1972), *The Ann Oakley Reader: Gender, Women and Social Science*, ed. Ann Oakley, Bristol: The Policy Press, 2006, pp. 7-12.

(8) Audre Lorde, "The Master's Tools Will Never Dismantle the Master's House," *Sister Outsider: Essays and Speeches*, Berkeley: The Crossing Press, 1984, pp. 110-113.

(9) Judith Butler, "Sex and Gender in Simone de Beauvoir's Second Sex," *Yale French Studies*, 72, 1986, pp. 35-49.; Judith Butler, "Variation on Sex and Gender: Beauvoir, Wittig and Foucault," *Feminism As Critique: On the Politics of Gender*, ed. Seyla Benhabib and Drucilla Cornell, Oxford: Polity, 1987, pp. 128-142, 185.; Judith Butler, "Performative Acts and Gender Constitution: An Essay in Phenomenology and Feminist Theory"(original 1988), *Performing Feminism: Feminist Critical Theory and Theater*, ed. Sue-Ellen Case, Baltimore and London: The Johns Hopkins University Press, 1990, pp. 270-282.; Christine Delphy, "Rethinking Sex And Gender"(original 1991), *Feminist Theory Reader: Local And Global Perspectives*, ed. Carol R. McCann and Seung-Kyung Kim, New York: Routledge, 2003, pp. 57-67.; Jane Flax, "Postmodernism and Gender Relations in Feminist Theory," *Signs*, 12.4, 1987, pp. 621-643.; Monique Wittig, *The Straight Mind and Other Essays*, Boston: Beacon Press, 1992.

(10) Teresa de Lauretis, *Technologies of Gender: Essays on Theory, Film, and Fiction*, London : Macmillan, 1987.; Joan W. Scott, "Gender: A Useful Category of Historical Analysis," *The American Historical Review*, 91.5, 1986, pp. 1053-1075.

(11) Alice Domurat Dreger, "'Ambiguous Sex': Or Ambivalent Medicine? Ethical Issues in the Treatment of Intersexuality," *The Hastings Center Report*, 28.3, 1998, pp. 24-35.; Anne Fausto - Sterling, "The Five Sexes," *Sciences*, 33.2,

1993, pp. 20-25.; Peter Hegarty in conversation with Cheryl Chase, "Intersex Activism, Feminism and Psychology: Opening a Dialogue on Theory, Research and Clinic Practice", *Feminism & Psychology*, 10.1, 2000, pp. 117-132.; Wilchins, 前掲書。

（12）Dreger, 前掲論文' Peter Hegarty in conversation with Cheryl Chase, 前掲論文' Suzanne J. Kessler, "The Medical Construction of Gender: Case Management of Intersexed Infants," *Signs*, 16.1, 1990, pp. 3-26.; Suzanne J. Kessler, *Lessons from the Intersexed*, New Brunswick, N.J.: Rutgers University Press, 2002.; David Valentine and Riki Anne Wilchins, "One Percent on the Burn Chart: Gender, Genitals, and Hermaphrodites with Attitude," *Social Text*, 52-53.3 - 4, 1997, pp. 215-222.

（13）Joanne Meyerowitz, *How Sex Changed: A History of Transsexuality in the United States*, Cambridge, Massachusetts, London, and England: Harvard University Press, 2002.; スーザン・ストライカー『トランスジェンダーの歴史——現代アメリカのトランスジェンダー運動理論、歴史、政治』ジェイ、ルイン訳、イマジン、２０１６年。

（14）Meyerowitz, 前掲書、p. 16.

（15）ストライカー、前掲書、84～86ページ。

（16）ストライカー、前掲書、86ページ。

（17）キム・ジヘ、前掲「フェミニズム、レズビアン／クィア理論、トランスジェンダリズム間の緊張と重なり」。キム・ジヘ、前掲「フェミニストジェンダー理論と政治学に対する再考——女／トランス（female/trans）男性性の論争を中心に」。ルイン「ジェンダーで競合し不和を起こす政治学——トランスジェンダー・クィア、フェミニズム、そしてクィア研究の理論史を概括する」『クィアフェミニスト、交差性を思惟する』図書出版ヨイヨン、２０１８年、73～１１３ページ。ストライカー、前掲書。

（18）Flax, 前掲書、p. 627.

（19）ジュディス・バトラー『ジェンダー・トラブル——フェミニズムとアイデンティティの攪乱（新装版）』竹村和

子訳、青土社、２０１８年。

(20) Viviane Namaste, "Undoing Theory: The 'Transgender Question' and the Epistemic Violence of Anglo - American Feminist Theory," *Hypatia*, 24.3, 2009, p. 11.; Susan Stryker, "Transgender Studies: Queer Theory's Evil Twin," *GLQ: A Journal Of Lesbian And Gay Studies*, 10.2, 2004, pp. 212-215.

(21) Emi Koyama, "The Transfeminist Manifesto", *Catching a Wave: Reclaiming Feminism for the 21st Century*, ed. Rory Dicker and Alison Piepmeier, Boston: Northeastern University Press, 2003, p. 249.; Stephen Whittle, "Where Did We Go Wrongs: Feminism and Trans Theory - Two Teams on the Same Side?," The American Boyz to Hold Fourth Annual True Spirit Conference, 2000, p. 3.

(22) 金恩實（キム・ウンシル）「グローバル時代の韓国社会の性文化と性研究方法」ピョン・ヘジョン編『セクシュアリティ講義、２回目――快楽、暴力、再現の政治学』トンニョク、２００６年、20～21ページ。

(23) Stryker, "(De)Subjugated Knowledges: An Introduction to Transgender Studies," 前掲書、p. 10.

(24) ベル・フックス『ベル・フックスのフェミニズム理論――周辺から中心へ』野崎佐和・毛塚翠訳、あけび書房、２０１７年。

(25) フックス、前掲書。

(26) Shannon Bell, "Kate Bornstein: A Transgender Transsexual Postmodern Tiresias," https://journals.uvic.ca/index.php/ctheory/article/view/14356/5132（検索日：２０１９年1月30日）。

(27) Raine Dozier, "Breads, Breasts, and Bodies: Doing Sex in a Gendered World," *Gender & Society*, 19.3, 2005, pp. 297-316.

(28) Dozier, 前掲書、p. 305.

(29) C. Jacob Hale, "Leatherdyke Boys and Their Daddies: How to Have Sex without Women or Men," *Social Text*, 52 - 53, 1997, p. 225.

（30）Viviane K. Namaste, *Invisible Lives: The Erasure of Transsexual and Transgendered People*, Chicago and London: The University of Chicago Press, 2000.; Tarynn M. Witten and A. Evan Eyler, "Hate Crimes and Violence against the Transgendered," *Peace Review*, 11(3), 1999, pp. 461-468.

（31）Namaste, 前掲書、p. 141.

（32）Koyama, 前掲論文、p. 253.

（33）Holly Devor, "Female Gender Dysphoria: Personal Problem or Social Problem?" *Annual Review of Sex Research*, 7, 1997, pp. 44-89.

（34）ルイン「規範というジェンダー、ジェンダーという不安――トランス／フェミニズムを模索するメモ、３回目」『女／性理論』第23号、２０１０年、48～75ページ。

（35）鄭喜鎭（チョン・フィジン）『とても親密な暴力――フェミニズムと家庭内暴力』キョヤンイン、２０１６年（本書は２００１年に出版された『私は今日花をもらいました――家庭内暴力と女性の人権』の改訂版である）。

（36）C. Jacob Hale, "Tracing a ghostly memory in my throat: reflections on ftm feminist voice and agency," In: ed. Tom Digby, *Men Doing Feminism*, New York: Routledge, 1998, pp. 99-129.

（37）ルイ・アルチュセール『再生産について』西川長夫他訳、平凡社、２０１０年。

（38）Judith Butler, *The Psychic Life of Power: Theories in Subjection*, Stanford, California: Stanford University Press, 1997, pp. 107-109.

（39）C. L. Cole and Shannon. L. C. Cate, "Compulsory Gender and Transgender Existence: Adrienne Rich's Queer Possibility," *WSQ*, 36.3 - 4, 2008, pp. 279-287.

（40）Cole and Cate, 前掲論文、p. 286.

（41）Nira Yuval - Davis, "Intersectionality and Feminist Politics", *European Journal of Women's Studies*, 13.3, 2006, p. 199.

（42）Yuval - Davis, 前掲論文、p. 195.

（43）Koyama, 前掲論文、p. 254.

MeToo[1]運動とフェミニズムの「大衆化」——本書の解説に代えて

申琪榮（シン・キヨン）

本書は、これまで蓄積されてきた韓国のフェミニズム研究がMeToo運動（私も経験した、私も告発する）という前代未聞の社会運動に出会えたことで生み出された成果である。本書の刊行は、韓国でMeToo運動が大規模に勃発してから1年を迎えた2019年2月である。MeTooは続き、加害者の多くは起訴され、裁判を受けていた時期であった。とりわけ有力な次期大統領候補にあがっていた忠清南道（チュンチョンナムド）知事安熙正（アン・フィジョン）の控訴審裁判が行われていた。一審裁判で安熙正に無罪判決が下されたことについて、被害者と支持者は、MeToo運動のバックラッシュだと受けとめ、強い危機感を覚えていた。被害者をサポートしてきた関係者、弁護士、研究者らは共同対策委員会を形成して裁判を見守りながら一審裁判の判決を強く批判し有罪判決を求める運動を展開した。のちに安熙正は控訴審と最高裁で実刑が確定する。著者らは、その過程で明らかになった論点についてフェミニズムの視点から分析を試みた。性暴力がジェンダーに基づいた構造的暴力であることを明らかにして、その暴力を構成している要素、すなわち優越的な地位による権力（威力）、「男性連帯（男性たちの暗黙の仲間意識に基づく連帯）」、メディアのジェンダー・バイアス、司法による性的自己決定権の意味の歪曲、女性の体に対する男性の物理的および文化的コントロールの諸相を分析した。家父長制が土台をなす社会でジェンダーに基づく暴力は例外的な事件ではなく、「暴力が制度の一部」（14ページ）であり、「家父長制社会の基本秩序」（78ページ）であることを論証する。本書を通じて韓国のフェミニズムが社会の構造的な問題を深く、鋭く洞察する独自の視点と分析能力を育ててきたことが確認できる。本書を読みながら、慧眼（けいがん）の賢者に出会ったような喜びと興奮を覚えたのは、そういう理由からであろう。

日本では韓国のような大規模で峻烈なＭｅＴｏｏ運動はまだ生まれていない。しかし、ＭｅＴｏｏ運動は国境を越えて女性たちの間で共鳴し刺激しあってきた。なぜ韓国ではこれほどの峻烈なＭｅＴｏｏ運動が展開されたのか。以下ではその問いに答えるために、フェミニズム運動としての韓国のＭｅＴｏｏ運動に注目しその特徴と意義について述べ、本書を補いたい。

ＭｅＴｏｏ運動の展開

２０１７年末からハリウッドを起点として、性暴力、セクハラの被害者たちが次々性暴力の被害を告発する#ＭｅＴｏｏ運動が広がった。誰もが名前を知っている業界の有力者たちが、自分の地位を利用して長い間性暴力を犯してきた実態が明らかになった。ハッシュタグ「#MeToo」をつけた女性たちの告発は国境のないインターネットを介して巨大な証言運動に拡大した。

韓国のMeToo運動は、アメリカのMeToo運動を目撃した数か月後に起こり、MeTooが韓国社会に与えた衝撃と影響は実に驚異的であった。2019年5月1日時点で英語とスペイン語を除いて#MeTooに最も多く使用される言語が韓国語だったという事実だけ見ても、[2]韓国社会でMeTooへの関心とエネルギーがどれほど強力だったのか推測できる。その直接的な発端は2018年1月29日に徐志賢（ソ・ジヒョン）検事が韓国の放送局JTBCの看板ニュースに出演して、8年前に上司から受けたセクシュアル・ハラスメントとそれを訴えたあとのキャリアの不利益に対して証言したことである。韓国で最も影響力のあるジャーナリストが司会をした生放送のニュース番組で、実名で証言した徐志賢検事のメッセージは強烈で勇気づけられるものだった。彼女自身が米国の#MeToo運動に心を揺さぶられ8年間黙っていた辛い経験を告白する勇気を出したとし、放送を見ている多くの被害者たちに向けて、「性暴力の被害はあなたの過ちではない」と語ったのである。徐志賢検事のメッセージに勇気を得た数多くの被害者たちが文化芸術界、政界、学校などで発生した性暴力を実名、匿名で告発し始めた。それまで文化界を中心にオンライン上で語られていた性暴力証言が、2018年から一挙に噴出するようになった。

韓国のMeToo運動が峻烈だった理由の一つは、加害者の多くがその分野で権威を持つ著名な男性たちだったことである。そして、政治的「進歩」派でリベラル左派の男性政治家に対するMeTooが続いたことがあげられる。政権を担う与党現役の男性リーダーたちがＭｅＴｏｏの加害者として訴えられる事態に遭遇して、性犯罪は特定の人たちが起こす犯罪であるかのように目を逸らすことはできなくなった。２０１８年３月に忠清南道(チュンチョンナムド)知事、２０２０年春に釜山(プサン)市長、そして同年夏には朴元淳(パク・ウォンスン)ソウル市長が女性の部下や職員から訴えられた。安熙正(アン・フィジョン)忠清南道知事は女性に優しいイメージで人気を集めた政治家であり、朴元淳ソウル市長は女性の人権擁護者で、弁護士時代に韓国初のセクハラ事件を法廷で争った人である。彼らは政治や行政のみならず、韓国社会全般において大きな影響力を持っていたため、被害者は人生をかけてＭｅＴｏｏをしなければならなかった。そして告発後は深刻な二次加害に遭いながら闘い続けている。しかし声をあげた被害者たちによって、「威力」が性暴力を起こすこと、性暴力はジェンダーに基づいた女性の支配であることが社会に知れ渡り、権力が集中しているところならどこでも発生しうる問題であることが認識されるようになった。

「ＭｅＴｏｏ」という共感と連帯

ＭｅＴｏｏ運動以前も、被害者は勇気を出して加害を告発してきた。しかし、被害を受けた女性が非難の対象になったり、報復を受け人生を破壊されるのが常であった。ほとんどの加害者は、自分の地位を維持したまま、「男性連帯」の庇護を受けながら以前と変わらない生活を続ける。そしてそのような構造が被害者を沈黙させていた。ＭｅＴｏｏ運動はその構造を揺るがし始めた。フェミニスト法学者であるキャサリン・マッキノンは、ＭｅＴｏｏ運動は性暴力事件ではほとんど不可能だと思われていたことを可能にしたと評価する。(3) すなわち、複数の被害者が集団的に被害を証言することで、被害者の言葉を否定することができず、その証言を信じざるをえなくなったのである。性暴力は、被害者が加害者と二人きりでいる空間で発生する特性上、被害者と加害者のどちらが真実を語っているのかの争いになり、多くの場合、社会的地位や権力のある加害者の証言が被害女性の証言よりも信憑性があるとされ、被害者が疑われる。しかし、#ＭｅＴｏｏを介して多数の被害者が相次いで被害経験を話し始めると、被害女性たちの証言は疑いのない事実になる。それでは、なぜ多くの女性たちが#ＭｅＴｏｏに応答したのだろうか。

ＭｅＴｏｏ運動の爆発力は、性被害に苦しむ黒人女性をサポートする方法としてスタートした本来のＭｅＴｏｏ運動の哲学に依拠していると見ることもできる。ＭｅＴｏｏ（私も）は共感と連帯の言葉である。そのシンプルな言葉には、「相手」の語りに対する「私」の共感とその共感に基づく積極的な応答が内包されている。それは、聞かせてもらった語りに疑問を呈することを許さず、聞いたままのことを受け入れようとする聞き手の意思表明でもある。相手の被害への同情にとどまらず、聞き手も自らの被害事実やサバイバーとしての経験を告発することで、互いに共感を生み出し、共感はさらに連帯を作り出す。ＭｅＴｏｏは、被害者が自分一人ではないことを確認し、被害者が否定されないことへの実践なのである。ＭｅＴｏｏに表象される共感と連帯は、被害者が性暴力を受けたことによって社会から孤立し、自責する苦しみから抜け出す出発点である。

被害者支援としてのＭｅＴｏｏ運動を始めたのは米国の黒人女性活動家タラナ・バーク（Tarana Burke）と言われる。彼女は性暴力や虐待を生き延びた多くの黒人の少女たちに会って、その少女たちの物語は性暴力のサバイバーである自分自身が経験した物語でもあると気づく。そして多くの少女たちが安全な場所も資源も与えられないまま虐待のトラウマと戦っている現実に悩み、被害者との共感によって苦痛、屈辱、被害のトラウマを克服していく「empowerment through empathy（共感から力を養う）」方法を「ＭｅＴｏｏ運動」と定義したという。そのようなアプローチが、ＳＮＳという新しい媒体に乗ることでハードルが下げられ、＃ＭｅＴｏｏ運動としてその潜在力を発揮したのではないか。多くの女性がＭｅＴｏｏの呼びかけに心を揺さぶられ、ハッシュタグＭｅＴｏｏをつけて投稿し、その膨大な数を持って性暴力問題の深刻さを表すことができたのである。

ＭｅＴｏｏを支える若い世代の女性たち

ＭｅＴｏｏ運動が韓国で大規模な社会運動になることができたもう一つの理由は、被害者の言葉に耳を傾け共鳴し、その証言を信じた「大衆」が存在したことである。そして、その大衆がオンラインの「声」にとどまらず、オフラインで結集し実体として現れたことである。被害者の話を聞く準備ができている大衆が現れたとき、被害者は初めて沈黙を破り自分の被害を語ることができるからだ。これらの大衆は、被害者の証言に＃ＷｉｔｈＹｏｕで支持を表明し、被害者に対する二次加害に集団として対応して、ＭｅＴｏｏ運動に関する世論を形成した。このように積極的にＭｅＴｏｏに応答した（女性）市民たちは、10代から30代のデジタル世代を中心とする。彼女らは２０１６年5月ソウル市江南（カンナム）駅で起きた女性の殺人事件を分岐点としてオフラインで集団的に現れた。

　日本でもよく知られている江南駅女性殺人事件は、若者が多く集まる繁華街の江南駅の公衆トイレで、女性であるという理由だけで、見知らぬ男性に女性が殺害された事件である。江南駅は東京で言うと、渋谷駅のようなところである。誰もが行ったことがあり、使用したことのある身近な場所の公共トイレで若い女性が殺害された事件は、同世代の女性たちにとって、自分が殺されずに済んだのは、ただその日その時間にその場にいなかったから、という理由だけであると思い知ることを意味した。女性嫌悪犯罪の日常的な脅威を実感する衝撃的な出来事となったのである。女性嫌悪犯罪が蔓延する社会では、生き残ったのが「偶然」であり、殺害された「被害者は自分自身」であるという被害者に対する強い共感が生まれた。女性たちはこの事件を女性嫌悪犯罪（femicide：女性を狙って殺害する犯罪）と定義し、数えきれない人々が江南駅10番出口を訪ね追悼のメッセージを残したり花を捧げたりする行動を起こした。さらに追悼集会を開き、犯罪を精神障害によるものと矮小化しようとする警察とマスコミを強く批判した。全国の主要都市でも同様のイベントが開かれた。江南駅事件を通じて、従来の女性運動とは異なる「新しいフェミニスト」世代がオフラインで可視化されたのである。それ以降、彼女らは朴槿恵(パク・クネ)政権を終結させたろうそくデモやＭｅＴｏｏ運動の重要な局面でもオン／オフラインをまたがってその存在感を示した。

10代〜30代のデジタル世代は、各種インターネットコミュニティで女性嫌悪の言葉と性搾取動画が商品化され流通する環境で育った。トイレなどに設置された隠しカメラによる盗撮ビデオが広く流通して被害者が続出している状況でも、女性たちの問題提起が真剣に扱われないことに怒りとフラストレーションを覚えていた。女性の体や「日常生活」までがポルノ化され消費される社会に対して、オンラインコミュニティを中心に声をあげ始めたのが２０１５年頃である。そして２０１６年４月には百万人の会員を持っていたとされる不法撮影ビデオのサイト、ソラネットを廃止に追い込んだ。それまで無自覚に流通、共有されていた「エッチな動画」を、女性たちは「不法撮影物」、「性搾取物」と名指し直し、これに対する調査や法的規制も強く要求した。そんな中に起きた江南駅女性殺人事件は、若い世代の女性たちにとって女性の「安全」の問題を切迫した共通課題と認識させる触媒となったのである。のちに彼女たちは自然と、ＭｅＴｏｏの声を強く支持する勢力になる。

ＭｅＴｏｏ運動がもたらした認識論的転換――「加害者に質問しろ」

ＭｅＴｏｏが衝撃を与えていた２０１８年５月には、ＭｅＴｏｏ運動への支持に火をつけるような出来事が起きた。美術専攻が有名なソウル市にある弘益大学で、男性のヌードモデルを盗撮した動画が流布される事件が起き、警察が迅速な捜査に取り組んで加害者を特定した。それ自体はよいことだっただろうが、警察は被疑者の身柄を拘束して彼女の家を家宅捜索したほか、動画を流布した女性限定のオンラインコミュニティの運営者を特定して操作するために、海外のグーグル本社に捜査協力まで要求したことが明らかになった。警察は女性が被害者の性犯罪については消極的な捜査態度を見せたり、サーバーが海外にあることを言い訳として徹底的な捜査が行われなかったりすることが多々あったのとは対照的であった。弘大事件に対する捜査の迅速さと徹底ぶりに驚いた女性たちは、それを被害者の性別による偏った捜査とみなして非常に怒りを覚えた。弘大捜査のように被疑者の住居を家宅捜索し原本の確保まですることは、サイバー性暴力相談専門家から見ても例外的なことだとされる。女性たちは「同一犯罪、同一捜査、同一人権」を訴え、数か月にわたって1万~7万人が集まる大集会を5回も開いて抗議した。とりわけ4回目の集会はMeToo事件で注目されていた安熙正(アン・フィジョン)の一審裁判で無罪が下されたことで、7万の女性たちが集まる史上最大規模の女性の抗議デモとなり社会を驚かせた。警察と司法の根深いジェンダーバイアスに対して怒りをぶつけ、盗撮の流布、流通への対策と被害者の性別による偏りのない公正な捜査を要求したのである。既存の女性団体や女性家族省の大臣もその抗議を支持し、青瓦台(韓国の大統領府)の国民請願には約1週間で40万人を超える賛同が集まり、警察庁長は謝罪して改革を約束するに至った。

「恵化(ヘファ)駅集会」と呼ばれたその大規模な集会は、しかしながら生物学的女性のみを参加者と認めるなどフェミニズムの名のもとに男性と少数者排除を正当化する問題もはらんでいた。集会の参加者が盗撮を行うことを防ぐため、とされたが、フェミニズムの中に対立軸を残した。しかしこのような過程を経て、少数の知識人や活動家たちを中心にしたフェミニズムが若い女性たちに「大衆化」され、また、フェミニズムを専有しようとする動きも出てきた。若い世代にとって、フェミニズムは女性が直面している矛盾や生きづらさを説いて、違う生き方への可能性を示してくれるガイドラインとして受けとめられていると言えるだろう。この数年間、筆者は、数々のフェミニズム理論書が続々と翻訳され韓国の書店に並ぶことを見て驚きを禁じえなかった。さらに本書のような韓国フェミニストたちの著書も増えて、女性の問題提起が活字化、理論化され、言論の場の主要テーマとなっている。出版業界はフェミニズムと20代の女性が牽引するとも聞く。本書の編者鄭喜鎮（チョン・フィジン）が指摘するようにMeTooはこうして「フェミニズムの大衆化が生んだ結果」（83ページ）であり、同時にMeToo運動がフェミニズムを大衆化させる動力であったと考える。

フェミニズムの普及とMeToo運動は、男性中心の視点で構築されてきた身体と性暴力の理解に大きな認識論的転換をもたらした。象徴的なことが安熙正（アン・フィジョン）の一審裁判後、安熙正性暴力事件の共同対策委員会が主催した「加害者に質問しろ」というパフォーマンスである。性暴力裁判は、被疑者である加害者ではなく、被害者に注目が集まる傾向がある。被害者がどれだけ必死に抵抗したのか、被害者の陳述に信憑性があるか、なぜ加害者に会っていたのかがしつこく聞かれる。加害者に、なぜ犯罪を起こしたのかについては尋ねない。共同対策委員会は、安熙正の一審裁判を「被害者裁判」と呼び（本書の2章も参照）、聞くべきなのは加害者の行動についてであると反論した。すなわち、加害者はなぜ携帯電話などの証拠をなくしたのか、なぜ秘書に性的にアプローチをしてもいいと考えたのか、なぜ「恋愛関係」と言いながら、恋愛を表す行動やメッセージを送ったことがないのか、何をもってどのように合意を求めたのか等々の質問（追及）をしなければならないと主張した。

性暴力裁判を除くいかなる刑事裁判でも、加害者ではなく、被害者が疑われることはない。安煕正裁判で、女性たちが主張した「加害者に質問しろ」という要求は、性暴力裁判が被害者に被害を自ら招く落度があったのではないかとする加害者中心のアプローチを浮き彫りにして、そのアプローチのジェンダー権力を暴いたものである。女性たちの性暴力に対する認識論的転換への要求は、韓国社会で性暴力事件に対する考え方、法律のあり方に大きな疑問を露呈させ、社会的認識の転換を導くものだった。ＭｅＴｏｏをした被害者たちの証言とそれを支えあう市民たちが導いた性暴力に関する認識論的転換と社会的常識の転覆、それこそがＭｅＴｏｏ運動がもたらした真の成果である。

終わらぬＭｅＴｏｏ

ＭｅＴｏｏ運動は性暴力の根絶を求める女性運動の歴史の中で最も重要な出来事の一つである。韓国社会はＭｅＴｏｏ以前とＭｅＴｏｏ以後に分けられると言って過言ではない。ＭｅＴｏｏ運動と共に成長した新世代のフェミニズムが可視化され、「女性運動」という概念ではカバーすることができない広いスペクトルの主張と主体が顕在化した。若い世代の女性たちは政治に影響を及ぼすほどの結集力も見せる。2021年のソウル市長選挙で20代男性が保守候補を選択したのに対して、20代女性票の1割は女性政党など少数政党の候補者に投票したのである。MeTooは彼女らが望む社会、本書の著者たちが言うとおり、加害者がどのような権力者であろうが、被害者がこれまでのようにすべてを賭けて告発しなくても当たり前のように保護され、性暴力が正当に裁かれる社会を実現させるための運動である。その道程はまだ遠いが、到達不可能なものではなくなったと言える。

そこに至るためには「MeToo」ができない性暴力の存在にも取り組まなければならない。DV被害者や性産業で働く人、障がい者への暴力、男女の二項対立的なジェンダー規範から外れた被害者は「性暴力の被害者」の概念に含まれていない。本書のルインが主張するように、家父長制内では存在しないものとされてきたジェンダーマイノリティ（ノンバイナリー、トランスジェンダー、インターセックスのような）への暴力はいまだに非可視化されている。MeToo運動で注目されたほとんどの被害者は、男性中心の組織内で苦しめられていた「非トランス女性」だったという指摘は重く受けとめなければならない。MeTooによってジェンダー権力が大きく揺るがされ始めた今でも、さまざまな身体が家父長制の便益によって格づけされ、分断され、また非可視化されている。MeToo運動が、「女性が自分の時間を取り戻すための戦い」（79ページ）であるためには、MeTooで明らかにされたジェンダー権力の構造の解体に向けてさらなるフェミニズムの「前進」が求められるだろう。

〔注〕

（1）本稿ではＭｅＴｏｏと＃ＭｅＴｏｏを意図的に使い分けている。

（2）「韓国語 #MeToo 掲載物、世界で三番目に多い」https://www.hani.co.kr/arti/society/women/895263.html（２０２１年８月15日閲覧）。

（3）「#MeToo Has Done What the Law Could Not」https://www.nytimes.com/2018/02/04/opinion/metoo-law-legal-system.html（２０２１年８月15日閲覧）。

訳者あとがき

本書は、性文化研究会「トランス」企画シリーズ第4巻『＃ＭｅＴｏｏの政治学』の翻訳書です。本書の内容については本文や申琪榮（シン・キヨン）先生のご解説に詳しいので、ここでは第1巻から第3巻（いずれも未翻訳）の簡単な内容についてご紹介したいと思います。第1巻『両性平等に反対する』は、フェミニズムの基本戦略とも言える「両性平等」という概念に問いを投げかけ、二分法的ジェンダー規範についての再考を促す内容となっています。第2巻『韓国の男性を分析する』は、「逆差別」を訴えたり女性嫌悪によって「男らしさ」の強迫から逃れようとしたりする「韓国的な男性性」について、韓国の近代、とりわけ日本による植民地支配の歴史について言及しながら探究する内容になっており、第3巻『被害と加害のフェミニズム』は、性暴力において「被害者」としてのアイデンティティを強調するフェミニズム運動の限界を明らかにし、社会的弱者として他者と連帯するフェミニズムを提案する内容になっています。

「＃ＭｅＴｏｏ」というスローガンは「＃（ハッシュタグ）」とともに世界中に広がっていきましたが、韓国で書かれた『＃ＭｅＴｏｏの政治学』が日本語に翻訳されることも、こうした一連の流れに位置づけることができると思います。その一方で、#（ハッシュタグ）が届かない場所との連帯を模索することも、フェミニズムの重要な課題であると思います。また、本シリーズを企画する性文化研究会「トランス」は、「Trans」の日本語風の読みを名前として採用していますが（朝鮮語では「トゥレンス」という発音が近い）、その意図は「韓国の近現代史が日本およびアメリカと不可分であることを示すため」ということです。つまり、本書が日本で出版されることには、フェミニズムや#MeTooの文脈以上の意味があると言えます。

本書の原題は『MeTooの政治学』ですが、日本語訳の刊行にあたって「コリア・フェミニズムの最前線」という副題をつけました。当初は「韓国フェミニズムの最前線」というサブタイトルになる予定でしたが、「韓国」というくくりだけでは韓国社会のフェミニズムを語りきれないという思いから、「コリア・フェミニズム」というサブタイトルに変更しました（たとえば、韓国のフェミニズムにおいて日本軍性奴隷制は大きな転換点だったはずですが、その最初の証言者は沖縄に住む在日朝鮮人女性の裴奉奇（ペ・ポンギ）さんでした）。それだけでなく、昨年末に『内なる壁を突き破る』という#MeToo本を出版した在日朝鮮人たちの活動や、朝鮮民主主義人民共和国における女性政策、そして世界中のあらゆる朝鮮半島ルーツのフェミニストたちの営みを包括できるような名づけをしたいという思いも込められています。

翻訳書の刊行にあたって、民族教育を授けてくれた家族、朝鮮学校の先生、留学同（在日朝鮮人学生の運動団体）や性差別撤部会の仲間たちに感謝の気持ちを伝えたいです。翻訳の手ほどきをしてくださった米津篤八先生、そしてまだまだ未熟な翻訳家の私を励まし導いてくださった大月書店の角田三佳さんにも感謝申し上げます。

本書が多くの「姉妹」たちにとっての力になることを願います。

金李イスル（母へ。翻訳者名として母姓を名乗っていることを告げた時の嬉しそうな表情が心に残っています）

編者

鄭喜鎭（チョン・フィジン）

文筆家，人文学講師，書評家。フェミニズム視点での学習と執筆に関心を持っている。西江大学で宗教学と社会学を学び，梨花女子大学で女性学の修士・博士号を取得。主著に『あえて狭隘に読み，激しく書く』（キョヤンイン，2021年），『フェミニズムの挑戦（改訂版）』（キョヤンイン，2020年），『コロナ時代のフェミニズム』（共著，ヒューマニスト，2020年），『とても親密な暴力――フェミニズムと家庭内暴力』（キョヤンイン，2016年）など。

執筆者

權金炫怜（クォン・キム・ヒョニョン）

フェミニズム研究活動家。1990年代にヤングフェミニストとして活動し，2000年代には韓国性暴力相談所の常勤活動家として勤務。現在，韓国芸術総合学校に客員教授として在職中。ソウル国際女性映画祭執行委員でもある。著書に『コロナ時代のフェミニズム』（共著，ヒューマニスト，2020年），『いつもそうだったように，道を探し出す』（ヒューマニスト，2020年），『昔には二度と戻らない』（ヒューマニスト，2019年）など。

棡砦昀（ハン・チェユン）

性教育の専門家として，2000年1月，韓国初のレズビアンセックスガイドブック『ハン・チェユン，セックスを語る』（ヘウル，2000年）を出版。3年後に絶版となったものの，2019年に改訂版が再出版された。活動家として，セクシュアリティマガジン『BUDDY』を1988年に創刊し，6年間編集長を担当。2002年に韓国性的少数者人権センターを設立，2014年に雨後の虹財団を発足。2001年から現在まで，ソウルクィア文化フェスティバル組織委員を務める。セクシュアリティおよびジェンダーの研究者として，性文化研究会「トランス」の構成員としても出版活動を行っている。主著に『ちょっと待った！ これが全部人権問題だって？』（ヒューマニスト，2021年），『原本のないファンタジー』（フマニタス，2020年），『みんなのための性平等について学ぶ』（プロジェクトP，2020年）など。

ルイン（Ruin）

「トランス／ジェンダー／クィア研究所」および韓国クィアアーカイブ「クィアラーク」で勉強中。パニック・ディフェンス，ジェンダー暴力などにつながる研究を通じて，ジェンダー／セクシュアリティと暴力に関する思考方法やトランスジェンダー・クィア認識論を模索し，その政治学で歴史と文化を書き直している。著書に『クィア・フェミニスト，交差性を思考する』（女性文学理論研究所，2018年），『被害と加害のフェミニズム』（キョヤンイン，2018年）など。

訳者
金李イスル（キム・リ・イスル）
神奈川朝鮮中高級学校を卒業後，青山学院大学法学部，法律事務所勤務を経て，現在は朝鮮語通訳・翻訳に従事。共訳書に『J.Y. Park エッセイ――何のために生きるのか？』（早川書房，2021年）。

監修者
申琪榮（シン・キヨン）
お茶の水女子大学教授。専門は政治とジェンダー。（一社）パリテ・アカデミー共同代表。近著に "Beyond #WithYou: The New Generation of Feminists and the #MeToo Movement in South Korea."（*Politics & Gender*，2021年）。主な著作に「セクシュアル・ハラスメントの理論的展開――4つの害アプローチ」（『社会政策学会誌』38号，2021年），「性化された権力――#MeToo運動が明らかにしたハラスメントの実態と変革の可能性」（『女性労働問題』63号，2019年）など。

DTP　岡田グラフ
装幀　宮川和夫事務所

#MeTooの政治学――コリア・フェミニズムの最前線

2021年10月15日　第1刷発行

定価はカバーに表示してあります

編　者　鄭　喜　鎮
訳　者　金李イスル
監修者　申　琪　榮
発行者　中　川　進

〒113-0033　東京都文京区本郷2-27-16
発行所　株式会社　大　月　書　店
印刷　太平印刷社
製本　プロケード
電話（代表）03-3813-4651　FAX 03-3813-4656　振替00130-7-16387
http://www.otsukishoten.co.jp/

ISBN978-4-272-35049-0　C0036　Printed in Japan